Caminhos da Mudança

Eugenio Mussak

Caminhos da Mudança

Reflexões sobre um mundo impermanente e sobre as mudanças de “dentro para fora”

INTEGRARE
EDITORA

Publisher
Maurício Machado

Assistente editorial
Luciana M. Tiba

Produção editorial e coordenação
Crayon Editorial

Copidesque
José Muniz Jr.

Revisão
Arlete Sousa da Silva
Fernanda Marão
Marisa Rosa Teixeira

Projeto gráfico de capa e miolo
Alberto Mateus

Foto de quarta capa
Manoel Guimarães

Diagramação
Crayon Editorial

Dados Internacionais de Catalogação na Publicação (CIP)
(Câmara Brasileira do Livro, SP, Brasil)

Mussak, Eugenio
Caminhos da mudança : reflexões sobre um mundo impermanente e sobre as mudanças de dentro para fora / Eugenio Mussak. -- São Paulo : Integrare Editora, 2008.

Bibliografia.
ISBN 978-85-99362-27-3

1. Conduta de vida 2. Mudanças de vida - Acontecimentos
I. Título.

08-06639 CDD-158.1

Índices para catálogo sistemático:

1. Mudanças de vida : Adaptação : Psicologia aplicada 158.1

Rua Tabapuã, 1123, 7º andar, conj. 71/74
CEP 04533-014 - São Paulo - SP - Brasil
Tel. (55) (11) 3562-8590
Visite nosso site: www.integrareeditora.com.br

When you are old and grey

When you are old and grey and full of sleep,
And nodding by the fire, take down this book,
And slowly read, and dream of the soft look
Your eyes had once, and of their shadows deep;

How many loved your moments of glad grace,
And loved your beauty with love false or true,
But one man loved the pilgrim soul in you,
And loved the sorrows of your changing face;

And bending down beside the glowing bars,
Murmur, a little sadly, how Love fled
And paced upon the mountains overhead
And hid his face amid a crowd of stars.

W.B. Yeats

Com as palavras damos concretude às idéias,
E com estas podemos mudar nosso entorno e o mundo.

Quem compreender esse simples argumento,
Entenderá porque dedico este livro a você,
Melissa, minha filha adorada.

Mensagem de Médicos Sem Fronteiras (MSF)

Médicos Sem Fronteiras (MSF) é uma organização não-governamental internacional de ação humanitária, que leva cuidados de saúde às vítimas de catástrofes naturais, de conflitos armados, da fome e de epidemias, sem discriminação de raça, religião ou ideologia política. A MSF tem também por missão sensibilizar a sociedade para as condições de vida das populações atendidas.

Os princípios de independência, neutralidade, imparcialidade, universalidade e transparência norteiam o trabalho da organização desde a sua criação, em 1971. Hoje, a MSF tem cinco sedes na Europa e 14 escritórios espalhados pelo mundo, entre eles um escritório no Brasil. A MSF mantém aproximadamente 350 projetos em mais de 60 países, onde cerca de 28 mil profissionais trabalham para amenizar o sofrimento de dezenas de milhares de pessoas.

A MSF é independente dos governos e esta autonomia é uma realidade porque a maioria dos recursos da organização são de contribuições privadas, o que nos permite atuar com agilidade e independência, o que demonstra, a todo momento, nossa imparcialidade e neutralidade. Nossa independência proporciona liberdade para falar sobre os indivíduos, os organismos e os governos que estejam infringindo os direitos das populações que vivem situações de crise.

No contexto internacional atual, mais do que nunca é fundamental podermos contar no Brasil com o carinho e o suporte da sociedade civil, dos doadores privados e das iniciativas solidárias como a do autor deste livro e sua editora. São atitudes que permitem o trabalho dos nossos profissionais em zonas de difícil acesso na cidade do Rio de Janeiro, e também em lugares mais remotos, como na África e na Ásia.

Ações de responsabilidade social são dinâmicas importantes. Quero agradecer, em nome da equipe MSF no Brasil, a iniciativa da Integrare Editora e de Eugenio Mussak, por contribuírem com o trabalho dos *Médicos Sem Fronteiras*.

Rio de Janeiro, Julho de 2008

Eric Stobbaerts — Diretor Executivo

Para maiores informações ou para fazer uma doação, entre em contato através do website www.msf.org.br ou pelo telefone (21) 2215 8688.

Sumário

PRIMEIRA PARTE

Reflexões sobre as amarras do passado, a esperança no futuro, a força das atitudes e sua relação com as mudanças que desejamos.

SEGUNDA PARTE

Reflexões sobre o trabalho, a carreira, a honestidade profissional, a vida pessoal, a disciplina para criar e a competência para ser focado sem ser alienado.

TERCEIRA PARTE

Reflexões sobre as viagens interiores, a auto-estima, os sentimentos humanos e sua capacidade de influenciar nossas atitudes, para o bem e para o mal.

QUARTA PARTE

Reflexões sobre a beleza e as dificuldades da vida a dois, sobre a comunicação humana, a educação como a grande esperança e o comprometimento de cada um na construção de um mundo de paz.

Apresentação

Entre os luminares de épocas e áreas diferentes do pensamento há um ponto em comum: a idéia da mudança. A relação do homem com as mudanças do mundo e com as que ele próprio promove é abordada, entre outros pensadores, por Heráclito, quando ele afirma que um homem não pode se banhar duas vezes no mesmo rio; por Darwin, segundo o qual a seleção natural, base da evolução das espécies, deveu-se especialmente à capacidade do indivíduo de conviver com as variações ambientais; por Jean Piaget, que teoriza sobre os estágios de desenvolvimento humano; e por Peter Drucker, que alerta para a importância da inovação como fator de competitividade.

Este livro reúne textos que se relacionam com as mudanças que o homem procura implementar ou com as quais precisa aprender a conviver. Não há, em suas páginas, receitas prontas, recomendações genéricas ou conselhos universais. O que há são análises da angústia do humano que se percebe vivo e, como tal, mutante. E há, claro, o propósito humilde de ajudar a abrir a janela da percepção, iluminando e arejando a consciência de si e facilitando a relação harmoniosa com o outro.

Suas quatro partes estão divididas em capítulos que se esgotam em duas páginas. Assim, o leitor poderá se valer de três expedientes para tornar mais útil e prazerosa sua leitura:

a. Leitura longitudinal: os capítulos são seqüenciais e guardam conexão entre si. Dessa forma, o livro pode ser lido como se lê um romance, como se acompanha o desenrolar de uma trama.

b. Leitura consultiva: é possível acessar temas específicos. Basta, para isso, consultar o índice principal ou o índice remissivo no final do livro. Por exemplo: alguém que se interesse pelo tema "ansiedade" ou "esperança" será remetido para as páginas que abordam esses sentimentos tão humanos.

c. **Leitura aleatória**: você pode abrir as páginas ao sabor do acaso, pois cada capítulo, embora converse com o que o precede e com o que o segue, tem início, meio e fim, e constitui, nele mesmo, um saber que se sustenta e um sabor que alimenta.

Assim, viajando pelos eixos das relações humanas, da interiorização, do mundo do trabalho, dos sentimentos e dos pensamentos, o leitor construirá um mosaico que representa o que somos e o que podemos ser.

Bem-vindo
a mais esta aventura
do conhecimento!

Prefácio

Um livro é sempre uma aventura. Tudo pode acontecer. Há uma infinidade de possibilidades dentro de suas páginas, e a única forma de descobrir sua essência é percorrê-las. Alguns livros serão melhores que outros, instigantes, criativos, cheios de informação, de sabedoria e de idéias inovadoras. Para um bom leitor há sempre muita expectativa ao abrir a primeira página.

Foi assim que me senti ao receber o livro de Eugenio: como um presente, uma oportunidade de navegar por mundos mais vastos, que se passam no coração do outro mas acabam nos levando para mais perto do nosso próprio.

Eu já conhecia a qualidade do texto e o valor profundo das idéias de Eugenio. O que eu não imaginava era que a aventura deste livro seria tão estimulante e reveladora de uma miríade de possibilidades. Este é um livro que pode ser lido de muitas formas. Há uma história linear, que nos conta sobre a trajetória humana — das pequenas incertezas às grandes verdades. O leitor disciplinado irá deliciar-se com cada uma das palavras aqui postas, numa seqüência que parece nos conduzir pela mão, cada vez mais profundamente na direção de compreender esse permanente processo de mudança.

Contudo, este não é um livro com apenas uma faceta, sua linearidade não impede uma transversalidade de múltiplas perspectivas. Um pesquisador, por exemplo, poderá utilizá-lo como fonte para percorrer diferentes caminhos e encontrar muitos livros num só. E há mais: tal qual um tarô, este livro pode ser usado como um guia para nossas reflexões mais profundas. Basta fazer a pergunta e abrir o livro aleatoriamente. De forma espantosa, aí estará uma sábia e adequada resposta. Essa estranha e inexplicável sincronicidade é o que Carl Gustav Jung definiu como "uma rota só, entrecruzada por todas as demais".

Em algum ponto deste livro encontraremos a resposta para as nossas perguntas. Assim, mais que um livro, Eugenio teve a maestria de criar um diálogo. E isso faz tudo ficar mais interessante, afinal, em vez de apenas ler, podemos, por meio do texto de Eugenio, nos colocar na varanda do ser, aproveitando os raios de sol da existência, e papear com a vida. Fiquei espantada com a versatilidade do livro, mas não surpresa. Afinal, ao receber o nome "Eugenio", mais que uma definição o autor ganhou uma missão: a de fazer transparecer a genialidade do intelecto humano, as infinitas possibilidades da alma que busca, inquieta, redescobrir a si própria.

Talvez o maior desafio seja se tornar inteiro, não estar dividido por diferentes sentidos de mundo, ter a clareza de colocar numa mesma trilha o que somos e o que fazemos. Ao conhecer a trajetória de Eugenio, seu texto se torna ainda mais rico, porque ele faz da experiência de existir a oportunidade de integrar-se e, com difíceis escolhas, torna-se um indivíduo, aquele que não se divide. Isso transparece em seu texto e em toda a obra de sua vida, em sua família, em seu trabalho, em sua prática de educador, na forma generosa de demonstrar sua amizade e na lealdade inquestionável de sua conduta.

Diz-se que conhecemos um homem pela sua obra; entretanto, podemos conhecer, admirar e aproveitar ainda mais da obra ao entender o homem, conhecer seu histórico e reconhecer que, se tudo é espelho, este livro revela a bela face de alguém que está em profunda e harmoniosa parceria com o melhor de si mesmo.

Dulce Magalhães
MAIO DE 2008

Reflexões sobre

as amarras do passado, a esperança no futuro, a força das atitudes e sua relação com as mudanças que desejamos.

Primeira Parte

Segunda Parte

Terceira Parte

Quarta Parte

01

Está na hora de mudar

Fazendo as contas, ao longo de minha vida já mudei de casa mais de trinta vezes, morei em quatro cidades brasileiras e em três países. Mudei de profissão quatro vezes, de estado civil três vezes. Já tive dezenas de projetos de vida, mudei centenas de vezes de opinião e milhares de vezes de idéia. De mudança eu entendo — ou acho que entendo...

Descobri, por exemplo, que as pessoas mudam por necessidade ou por desejo. Sentimos necessidade de mudar algo na vida quando as coisas não estão dando certo. O desejo está ligado a querer resultados ainda melhores, independentemente de quão bons já sejam os que estamos obtendo. Mudar, portanto, é próprio do ser humano, pois ele sempre tem necessidades e desejos. Será? Vamos analisar algumas contradições que pertencem a esse assunto.

Uma das principais características da sociedade atual é a crescente velocidade das mudanças. Há tantas, em todas as áreas, que os historiadores andam dizendo que não estamos em um *tempo de mudanças*, mas em uma *mudança de tempo*, como foram a Renascença e a Revolução Industrial. As tecnologias, como o celular e a internet, compõem, sem dúvida, o principal motor desse fenômeno, mas há outros fatores, como o excesso de informação e a quantidade de opções.

Ao contrário de como era antes, hoje são valorizadas as pessoas que mudam. Raul Seixas foi profético quando disse que preferia ser "uma metamorfose ambulante" a "ter aquela velha opinião formada sobre tudo". É claro que não se cobra de ninguém que seja tão maluco-beleza, mas a estagnação paga pedágio dobrado. Somos estimulados, sim, a ser metamorfoses ambulantes, se não por outro motivo, pelo menos para acompanhar as mudanças do mundo, que são cada vez maiores e mais rápidas.

Mas somos também paradoxos ambulantes. Explico: há pelo menos duas contradições importantes quando o tema é mudança. O motivo principal que nos obriga a mudar é a manutenção do *status*. Eu preciso mudar para continuar sendo competitivo; para manter minha cultura em dia; para ser tão bem informado quanto sempre fui; para atender às expectativas das pessoas com quem convivo; para não ser considerado antiquado, adjetivo que nunca me coube. Ou seja, preciso mudar para continuar sendo o mesmo. Esse é o primeiro paradoxo.

O segundo paradoxo é mais agudo: sei que preciso mudar, mas bem que eu preferiria deixar como está. Seria tão bom se tudo ficasse quieto, confortável e seguro! Esse sentimento existe porque qualquer mudança pressupõe movimento, gasto de energia, perigo; e são justamente esses os aspectos que a parte mais primitiva de nosso cérebro está programada para evitar. O lado racional entende que a mudança precisa acontecer, mas o lado emocional precisa ser convencido disso e, mesmo assim, reluta. É duro sair da zona de conforto, que é confortável principalmente porque é conhecida.

Você, como eu, já mudou de casa? É provável que sim. Então, deve se lembrar de que, mesmo que a mudança fosse para um espaço maior, com mais conforto — uma verdadeira conquista em sua vida —, no dia da mudança, quando o caminhão da transportadora encostou-se na calçada, o Macunaíma que habita em você se manifestou com seu famoso bordão, "Ai, que preguiça". Fala sério!

Mais que um tempo de mudanças, vivemos uma mudança de tempo.

02

Os dois lados

Não temos alternativa. Devemos conviver com nossos dois eus interiores — o que quer mudar e o que quer permanecer. Apesar de o assunto ser moderno, ele não é novo. Há mais de 25 séculos viveu, na cidade grega de Éfeso, na costa da atual Turquia, um filósofo chamado Heráclito. Dizem que ele vivia angustiado com a velocidade das mudanças. Imagine se ele vivesse hoje!

Heráclito teve duas percepções importantes a respeito desse tema. A primeira refere-se ao que ele chamou de "unidade dos opostos". Segundo o filósofo, absolutamente tudo na vida é composto por fenômenos, valores ou tendências totalmente opostas, mas complementares. Um exemplo: uma estrada tem uma subida e uma descida, mas continua sendo uma estrada só, e não duas. Outro: se alguém diz que um copo de água está meio vazio, enquanto outra pessoa afirma que está meio cheio, ambos estão falando sobre o mesmo copo, e não sobre dois copos distintos. É o mesmo, mas há opiniões opostas a seu respeito. E essas opiniões não são contraditórias, mas complementares, pois o copo está, de fato, meio cheio e meio vazio. A diferença está apenas no ponto de vista, no olhar que você lança sobre o copo.

O que Heráclito quis dizer com isso é que as oposições são naturais e, por isso, não devemos lutar contra elas, pois correríamos o risco de ne-

acomodado é o que
não muda

da mudança

gar a própria realidade. A lição que tiramos dessa história é que a realidade é instável por conter os opostos, que, por outro lado, são necessários para a construção do todo.

Os opostos geram a instabilidade que provoca o movimento que determina as mudanças. Daí nasce a segunda observação de Heráclito: "Tudo flui", disse ele. "Você não pode banhar-se duas vezes no mesmo rio", pois, na segunda vez, o rio não será o mesmo, uma vez que aquela água já se foi, e esta é outra. Ponto para Heráclito. Temos de estar preparados para conviver com os opostos e adaptar-nos às realidades que surgem o tempo todo.

Algumas pessoas têm uma incrível dificuldade para lidar com essas situações. Por não conseguir entender o caudal da vida, a instabilidade dos fenômenos e a oposição dos componentes da realidade acabam pagando um preço alto. Cuidado: adaptação não é o mesmo que acomodação. O acomodado não muda; o adaptado muda o tempo todo.

Não precisamos ser metamorfoses ambulantes, mas não podemos ter a velha opinião formada, imutável, irremovível, pétrea. Há uma diferença entre "dualidade" e "impasse". Os opostos de Heráclito compõem dualidade: dia e noite, vida e morte, homem e mulher, inverno e verão. A dualidade pressupõe o uso de "e", enquanto o impasse vale-se do "ou". Viveremos tão melhor quanto mais aceitarmos o uso do "e", que pressupõe soma, não divisão (voltaremos a falar sobre as dualidades mais adiante).

Mudanças são boas quando trazem acréscimos a nossas vidas. O duro é perceber que trocar de emprego, acabar com um casamento falido, promover alterações no visual, criar novos hábitos de vida etc. são mudanças que acrescem. Não significam perdas, mas ganhos.

03

A rosa louca dos sonhos

Tão bom viver dia a dia...
A vida, assim, jamais cansa.

Esses versos do poeta gaúcho Mario Quintana parecem fazer referência a uma existência cotidiana sem sobressaltos ou mudanças, rotineira e monótona, apesar de confortável. Trata-se da abertura do poema *Canção do dia de sempre*, que, ao contrário do que indica uma primeira impressão, é um alerta sobre o verdadeiro estado geral das coisas — a mudança. Continua ele:

E a rosa louca dos ventos
Presa à copa do chapéu.

Nunca dês um nome a um rio:
Sempre é outro rio a passar.

Nada jamais continua,
Tudo vai recomeçar!

E sem nenhuma lembrança
Das outras vezes perdidas,
Atiro a rosa do sonho
Nas tuas mãos distraídas.

Pois é, esse poema é como a vida de todos nós, que muda quando menos esperamos, ou muda porque esperamos que mude. Mas que muda, muda. O que não podemos é ficar distraídos, imaginando que tudo será como sempre foi. Se o sonho de cada um de nós é ficar como está, o sonho da humanidade é evoluir — e isso significa mudar.

Mudanças podem ser traumáticas ou amigáveis, a depender da relação que construímos com elas e, é claro, da expectativa que temos quanto ao seu resultado. Ninguém gosta de mudar para pior. E, convenhamos, o que vale é o controle que temos sobre nossas próprias vidas: ou mudamos por conta própria, e sempre para melhor, ou as mudanças acontecerão à nossa revelia e, nesse caso, não temos garantia de que elas serão para melhor.

Quando nos debruçamos um pouco sobre a história das mudanças, encontramos seus personagens — pessoas que promoveram transformações só depois acompanhadas pelos demais. Abaixo, algumas características dos "promotores de mudanças":

INCONFORMISMO: significa não estar conforme, não concordar com uma situação estabelecida. Os inconformados são os que mais incomodam os outros, mas também os que provocam as melhores mudanças.

CORAGEM: sem esse atributo, ninguém promove nenhuma mudança. As pessoas, por princípio, resistem às mudanças porque isso ameaça a situação atual (que, mesmo não sendo a melhor, pelo menos é conhecida).

PERSISTÊNCIA: sem persistir, não adianta nem ser corajoso, pois as mudanças dificilmente são estabelecidas rapidamente. É necessário o tempo do entendimento, da assimilação, da aceitação e da ação. Haja paciência!

CRIATIVIDADE: sair do ponto A é uma coisa; chegar ao ponto B é outra. O ponto A eu já conheço; o B precisa ser criado. Sem o poder criativo, ninguém vai prestar atenção no seu inconformismo.

RELEVÂNCIA: a idéia nova tem de ser relevante, ou seja, tem de ser boa, útil, ética. Senão, não há coragem ou persistência que dê jeito. Ninguém quer sair de uma situação e ir para outra pior.

MÉTODO: para ir do ponto A ao ponto B é necessária uma estratégia, que é o nome que se dá ao método utilizado para percorrer essa distância.

Sem as condições acima, não teríamos saído do mundo medieval. Aliás, não teríamos sequer inventado a roda, e ainda estaríamos comendo raízes e carne crua. A mudança traz a esperança da felicidade. Esperança! Eis um bom assunto.

04

A esperança é uma deusa?

Creio que foi a cena mais impressionante que presenciei em toda a minha vida. Eu era um estudante do quarto ano de Medicina e estava acompanhando a visita matutina de um experiente professor à enfermaria de cirurgia cardíaca. Naquele local estavam os pacientes em recuperação, após terem sido operados e passado pelo menos dois dias na UTI. Em geral, as visitas eram de um aprendizado meio protocolar, pois víamos pacientes em estado de perfeito controle clínico. Só que naquele dia foi diferente.

Quando entramos, a enfermeira estava acionando o sinal de alarme. Um paciente já operado havia sofrido uma parada cardíaca praticamente naquele instante. Foi uma coincidência que salvou a vida dele. Mas não foi fácil, pois minutos preciosos já tinham sido perdidos. O médico iniciou o procedimento de ressuscitação, com três diferentes tipos de ação: massagem cardíaca, choque com desfibrilador e injeção de drogas cardiotônicas. Nada funcionava.

Para tornar o trabalho mais eficiente, o médico colocou o homem no chão, pois o molejo da cama absorve parte da massagem. Por mais de uma hora nos revezamos entre a massagem e a respiração boca a boca, até que o desânimo começou a tomar conta de todos. Foi quando o professor pediu uma tesoura. Diante de olhares atônitos, em instantes ele removeu os grampos que fechavam o corte no peito recém-operado, cortou os pontos e, simplesmente, expôs o coração ali mesmo, no chão da enfermaria. Tomou o órgão com a mão e iniciou uma tentativa desesperada: uma massagem cardíaca direta. E, como por um milagre, o coração começou a responder.

Depois, olhando para as caras assustadas dos estudantes, o professor, suando, disse algo como: "Às vezes, parece que o paciente já morreu, mas a esperança ainda não. Dessa maneira, conseguimos trazer uma vida de volta". Nunca mais esqueci, porque aprendi na prática: as coisas acabam somente quando não há mais esperança – e todos sabemos que ela é a última que morre.

Os gregos da Antiguidade, que a partir de sua mitologia obtinham resposta para tudo, diziam que quem criou a humanidade foi o titã Prometeu. Além disso, ele fez duas outras coisas: roubou o fogo do Olimpo para ser usado pelos homens e prendeu em uma caixa todos os males, como a doença, a loucura, a guerra e a morte. Entre todos esses males, encolhida em um canto, também estava um bem: a esperança.

Zeus, bravo com o roubo do fogo, prendeu Prometeu e o condenou a um castigo perpétuo: acorrentou-o a uma rocha, para que seu fígado

Mas, entre todos esses males, encolhida em um canto, também estava um bem: a esperança.

fosse comido por um abutre feroz durante o dia e se regenerasse durante a noite. Assim, Prometeu pagaria durante toda a eternidade pela insolência de tentar comparar-se a um deus. E Zeus fez mais: criou uma belíssima mulher, a quem chamou de Pandora, e mandou-a à Terra. Pandora casou-se com Epimeteu, irmão de Prometeu. Quando encontrou a caixa que aprisionava os males, Pandora a abriu, de modo que a humanidade passou a ser afligida por eles. A partir de então, os humanos começaram a sofrer com a condição de fracos, incompletos e mortais, que só conseguem continuar vivendo e povoando a Terra porque da caixa também saiu a esperança, que passou a habitar entre eles e a dar-lhes força.

Por isso os gregos davam à esperança um caráter divino. Chamaram-na de Elpis, deusa a quem atribuíam nosso poder de suportar as dificuldades e seguir vivendo, apesar de tudo.

05

A esperança é uma mentira?

Na Grécia há uma estátua dedicada à Elpis, deusa da esperança. Seu mito é um dos mais repetidos até os dias de hoje, e também um dos que mais suscitam dúvidas. Afinal, se a esperança é uma coisa tão boa, o que estaria fazendo junto com os males humanos, dentro da mesma caixa?

A versão mais aceita para essa questão diz que os criadores dos mitos acreditavam que a esperança era filha da mentira e, por isso, má. Segundo eles, a verdade jamais pode ser ignorada, por mais cruel que seja, e a esperança muitas vezes desvia a atenção dos homens, afastando-os da realidade. Dessa forma, eles ficam ainda mais fracos. E agora?

Essa é a questão mais dolorosamente aguda a respeito da esperança. Até quando devemos nutri-la sem que ela nos paralise e nos impeça de tomar outro caminho? Será que a esperança é boa apenas quando está fundamentada em probabilidades concretas, ou ela é boa em si mesma por ser como uma tocha que, antes de se apagar, nos permite encontrar um caminho? Há defensores para ambas as alternativas.

A doutrina cristã, por exemplo, relaciona a esperança à fé e à caridade, colocando-as como as três principais virtudes teológicas, aquelas que, por terem origem divina, não carecem de entendimento lógico. De acordo com essa idéia, temos fé, acalentamos esperança e praticamos caridade pelos atos em si mesmos. Se tentássemos entender nossa fé e justificar nossa caridade, estaríamos tentando racionalizar o que não precisa de razão para existir. O mesmo aconteceria com a esperança.

Dessa forma, a esperança é parte do ser humano, como são os seus cinco sentidos, e só percebemos que a possuímos quando, por algum mo-

esperança é uma qualidade demasiadamente humana

tivo, a perdemos. Temos esperança de a vida melhorar, de arrumar um emprego, de a doença sarar. Nos apegamos a ela para tolerar a dureza do cotidiano, a falta de emprego, a saúde abalada. A esperança é o ungüento que, se não cura a inflamação, pelo menos diminui a dor.

Evidentemente, há outros pontos de vista. Nietzsche é um dos que pensam diferente. Em seu livro *Humano, demasiado humano*, ele afirma que a esperança é o pior dos males, porque é enganosa. Ao mito grego de Elpis, ele dá a seguinte interpretação: foi o próprio Zeus quem ordenou que ela permanecesse entre os homens, apenas para prolongar o tormento da humanidade. "Atinge-se a verdade", disse o cáustico filósofo alemão, "por meio da descrença e do ceticismo, e não do desejo infantil de que algo aconteça de certa forma."

A verdade é que a esperança é uma qualidade demasiadamente humana e imensamente necessária à manutenção da existência. No entanto, cumpre melhor seu papel quando se ancora na realidade. Quando a esperança de curar de uma doença é prescrita com a caneta da medicina, reforça nosso ânimo sobre a própria esperança. Porém, quando quem a propõe é o misticismo ou a superstição, morre a esperança — e morre o paciente.

Zé Rodrix compôs e Elis Regina imortalizou, em *Casa de campo*: "eu quero a esperança de óculos / e um filho de cuca legal / eu quero plantar e colher com a mão...". O próprio autor confirma que, em sua imaginação, a esperança é como ele: míope. E ele não a quer a não ser que ela use óculos, como ele, para corrigir o equívoco e colocar a realidade no lugar.

06

A esperança é dispensável?

Nunca foi fácil viver. A visão romântica que temos das décadas ou dos séculos passados não passa de licença poética dos romancistas e cineastas, acobertando a vida dura de nossos antepassados. As benesses científicas e as conquistas sociais são frutos colhidos no alto da árvore da História, nos ramos do século 20. Antes, as doenças e as injustiças matavam com intensidade e com precocidade. No início do século passado, a esperança — e é assim mesmo que se diz — de vida de um recém-nascido no Brasil era de apenas 40 anos; hoje é de 72.

Entretanto, viver parece ser uma aventura cada vez mais perigosa. Isso porque a caixa de Pandora moderna tem controle remoto e despeja sobre nosso sofá tudo o que "dá notícia": tsunamis inesperados; furacões esperados, mas subestimados; terroristas armados de bombas e de loucura; políticos corruptos livrando suas caras com manobras e conchavos. A própria esperança se surpreende e se assusta quando é usada como cabo eleitoral, sendo designada para vencer o medo.

Apesar de tudo isso, a resposta é: não, a esperança não é dispensável! Ter esperança é acreditar no amanhã. É supor que a vida vai melhorar, que o dinheiro vai ser suficiente, que a febre vai diminuir, que a lavoura vai crescer, que o sorriso vai perdurar. E tudo isso porque nós vamos fazer nossa parte. Ter esperança é assumir nosso lado divino e responsabilizar-nos pela continuação da obra de criação, pondo o cérebro para pensar, o braço para trabalhar e o coração para amar o que queremos, o que fazemos e o que sonhamos.

O homem que perde a esperança perde-se a si mesmo, porque a esperança pertence à sua essência. A esperança está em tudo. O viver tem a esperança do ser. O sonho tem a esperança da realização. O trabalho tem a esperança do resultado e do pagamento. O olhar furtivo tem a esperança do sorriso malicioso. A piada tem a esperança do riso. A música tem a esperança da emoção. O beijo roubado tem a esperança do beijo apaixonado.

O próprio Nietzsche, que é cético mas é humano, diz em sua misteriosa teoria do eterno retorno: "Cada vez que você escolhe uma ação, deve estar disposto a escolhê-la por toda a eternidade. O mesmo se dá com cada ação não realizada, cada pensamento natimorto, cada escolha evitada. Toda a vida não vivida ficará latejando dentro de você, invivida por toda a eternidade. A voz ignorada de sua consciência continuará clamando para sempre".

Que Friedrich não me ouça, mas é exatamente aí que reside a verdadeira esperança: pensar o pensamento elevado, experimentar o sentimento amoroso, realizar a ação ética, viver uma vida que valha a pena. É preciso construir e ajudar a construir as bases para uma esperança que se ampare na verdade e não seja apenas um jogo de palavras — a esperança que acalanta sem enganar, que motiva sem iludir, que apóia com bases sólidas, construídas com responsabilidade, coragem e verdade. Essa é a esperança que não morre. E, se morrer, será a última, porque depois dela não há mais nada.

O sonho tem a esperança da realização

07

O risco de tentar

Nem todos os presidentes norte-americanos ficaram marcados por guerras ou por escândalos. Theodore Roosevelt, que habitou a Casa Branca entre 1901 e 1908, costuma ser lembrado especialmente por três coisas: pelo combate à distribuição de cargos públicos como favores políticos (prática que muito nos atormenta); pelo prêmio Nobel da Paz que ganhou em 1906 devido ao seu empenho como conciliador entre a Rússia e o Japão (empenho que falta hoje em vários cantos do mundo); e pela viagem que empreendeu em companhia do marechal Rondon pelo rio Amazonas. As anotações que Roosevelt fez nessa aventura transformaram-se em um livro minucioso, chamado *Through the Brazilian wilderness*.

> Quem não tenta não corre riscos, mas também nada consegue.

Apesar desse currículo, Roosevelt é conhecido mesmo por ser autor de uma frase que ainda hoje, onde quer que seja proferida, causa impacto, inquietação e reflexão. Disse ele: "Prefiro arriscar coisas grandiosas para alcançar triunfo e glória, mesmo expondo-me à derrota, a formar fila com os pobres de espírito que não gozam nem sofrem muito, porque vivem numa penumbra cinzenta na qual não conhecem derrotas nem vitórias".

Dita por alguém com o histórico desse homem, essa frase faz sentido e ganha legitimidade. Mas ninguém precisa ser presidente, nem explorador, nem ganhar o prêmio Nobel para perceber que, da vida, é possível receber muito ou receber pouco, e contribuir mais ou contribuir menos, sempre dependendo dos riscos que se deseja aceitar. Theodore afirmava ser do tipo que prefere enfrentar o risco de perder ao risco de não ganhar. Traduzindo para o bom português: quem não arrisca não petisca.

É matemático: quem não tenta não corre riscos, mas também nada consegue. Aprendemos a caminhar porque tentamos e não desanimamos com os primeiros tombos, ou seja, com as primeiras derrotas — sem eles ainda estaríamos engatinhando. Roubamos o primeiro beijo correndo o risco de levar um tapa; conseguimos o primeiro emprego arriscando-nos a levar um rotundo não; passamos no vestibular sob o risco de ser reprovados (é o que acontece à maioria). Não haveria a menor possibilidade de conseguir alguma dessas vitórias sem a predisposição a suportar o fracasso. Esse é o risco. Mas cuidado: há tentativas e tentativas. Mestre Yoda, o forjador de guerreiros do Universo, afirmou: "Faça, ou não faça — a tentativa não existe". Foi uma lição necessária a seu pupilo Luke Skywalker, que disse, desacreditando de si mesmo, que faria uma "tentativa" de retirar a nave encalhada no pântano, o que enfureceu o mestre.

Ora, pessoas que dizem que vão apenas "tentar" estão dizendo, por antecipação, que não conseguirão; afinal, "era difícil, e tudo não passou de uma mera tentativa". E aí fica tudo bem, pois o mundo desculpa a falha decorrente de uma tentativa despretensiosa. Essa é a tentativa pela tentativa, sem compromisso com o resultado. A derrota que deriva dessa tentativa inglória não tem importância, porque é acobertada pela própria pequenez.

O compromisso com a tentativa é bem diferente do assumido com o sucesso. Não obter o resultado esperado causa indignação, mas reforça a certeza de conseguir o que se quer na próxima vez, até porque agora já se conhece o caminho errado. Esse foi o espírito de Thomas Edison que, na 999ª tentativa frustrada, disse: "Descobri mais um modo de *não* fazer a lâmpada". A tentativa seguinte deu certo — e o mundo nunca mais foi o mesmo.

Devemos correr riscos sim, pois sem eles não há conquistas. Navegar é preciso, lembra o poeta, e com isso ele traz duas mensagens: a de que *precisamos navegar* para conquistar mundos, e a de que deve *haver precisão* na aventura de navegar. O marujo navega sabendo para onde vai e conhecendo os riscos de navegar. Somente assim ele chega ao destino.

08

O risco calculado

O dicionário diz que risco é sinônimo de perigo ou de possibilidade de perigo. Se há "perigo" e eu o enfrento assim mesmo, estou jogando com a sorte, entregando meu destino ao acaso. Mas, se o que existe é a "possibilidade de perigo", posso tomar providências para evitá-lo. Daí vem o conceito de "risco calculado".

Ao saltar no ar como um pássaro, o trapezista enfrenta não a queda, mas a possibilidade de queda. E ele sabe que as possibilidades ruins são inversamente proporcionais aos cuidados que toma para evitá-las. Ele não assume riscos que estejam fora de seu controle. O que parece loucura para o público é técnica para o trapezista.

Nós, que não somos trapezistas, muitas vezes também saltamos no ar imaginário buscando um trapézio abstrato escondido nas realizações do cotidiano. O psicólogo Leo Buscaglia escreveu que "rir é arriscar-se a parecer louco, chorar é arriscar-se a parecer sentimental, estender a mão ao outro é arriscar-se a se envolver, amar é arriscar-se a não ser amado". Não há, portanto, ação humana que não traga implícito algum risco. O que há, isto sim, são pessoas dispostas a enfrentar esses riscos, enquanto outras fogem deles.

Entretanto, é bom lembrar que enfrentar riscos pode ser um ato de coragem ou um ato de imprudência. Coragem não é o oposto do medo — o oposto do medo é o não-medo, e cumpre função contrária a ele. O medo é uma necessidade biológica, ligada à manutenção da vida. O medo impede a exposição do indivíduo (animal ou humano) ao perigo que ele não é capaz de enfrentar. Nesse sentido, o não-medo é danoso à vida, é contrário à existência, é irresponsável para com a própria Natureza. Não ter medo significa não ter apego à própria existência, e pode ser interpretado como uma patologia. Não é bom não ter medo.

Já a coragem é um estado de superação, com base na lucidez, na percepção das próprias capacidades e limites, no autoconhecimento, portanto. A coragem transita entre o medo e o não-medo — supera o primeiro e ri do segundo. O corajoso não é um imprudente: ele tem medo, mas vence — não por bravata, mas porque se preparou para enfrentar as dificuldades denunciadas pelo medo. Eis o risco calculado. Poderíamos atualizar o ditado para "Quem não arrisca calculadamente não petisca resultados consistentes".

"Não quero no meu barco nenhum homem que não tenha medo de baleia". Essa foi a frase com que o capitão Ahab recebeu os tripulantes a bordo do navio Pequod antes de zarpar em busca de Moby Dick, a colossal baleia, monstro dos mares. Ele queria a baleia como queria a própria vida. Assumiu o risco de caçá-la, mas respeitava sua força e seus domínios; portanto, tinha medo dela.

Segundo os estudiosos da obra de Herman Melville, autor de *Moby Dick*, essa aventura simboliza o encontro do homem com seu próprio destino final, a morte. Moby Dick é apresentada como uma encarnação dos medos humanos, e o navio Pequod representa os meios que desenvolvemos para enfrentá-los. A filosofia do capitão, que queria homens corajosos mas não sem medo, é o melhor testemunho da importância do autoconhecimento. É o autoconhecimento que nos permite avaliar os riscos antes de aceitá-los e medir nossos limites e possibilidades. A baleia ganhou a luta, mas sua vitória sobre o homem não simboliza a imprudência humana; é, antes, um alerta sobre o valor da cautela.

o trapezista enfrenta
não a queda, mas a
possibilidade de queda.

09

O risco de viver

Numa primeira análise, a vida da maioria de nós – mortais comuns que trabalham em escritórios, empresas e consultórios – parece ter pouco que ver com histórias fantásticas como a de Moby Dick. Mas há semelhanças, sim, guardadas as proporções. Independentemente do que você faça, assuma seus riscos. Se você não tiver medo deles, poderá ter problemas; se não tiver coragem, também.

O dia-a-dia do cidadão que pega trânsito, faz negócios, participa de reuniões, fala em público, faz entrevista de emprego e enfrenta chefe nervoso é, sim, cheio de pequenos "riscos". E esses riscos, às vezes, surgem simultaneamente e se acumulam, como em uma poupança de desafios que não desaparecerão enquanto não forem enfrentados.

Ninguém tem sucessos sem enfrentar desafios: só petisca quem se arrisca. Mas aprenda com os heróis mitológicos. Prometeu roubou o fogo dos deuses e, por isso, foi condenado a ter seu fígado eternamente comido por abutres. Ícaro foi imprudente e voou perto do Sol com suas asas de penas e cera; a cera derreteu com o calor solar e Ícaro caiu. Belorofonte, montado em Pégaso, matou a Quimera e voou até as proximidades do Olimpo para se exibir; Zeus se enraiveceu com a insolência, assustou Pégaso e derrubou o herói, que passou a vagar coxo e em desgraça.

O que essas passagens da mitologia grega têm em comum? Todas recomendam duas coisas: assuma o risco, mas prepare-se para ele. Não exceda os limites. Vá em frente, mas seja prudente. Camões garante, em *Os lusíadas*, que os deuses compreensivos ajudaram Vasco da Gama a chegar às Índias e a voltar para casa, com direito a uma paradinha na Ilha dos Prazeres, mas não sem quase morrer algumas vezes. As divindades mitológicas gostam dos ousados, mas não toleram os imprudentes.

É assim até hoje. No mercado de capitais — uma espécie de divindade moderna —, os investimentos mais rentáveis são os que oferecem mais risco. Bancos "generosos" fecharam as portas de repente, deixando muitos clientes no prejuízo.

Esses são sinais de que devemos nos abster de arriscar? É claro que não. São avisos de que riscos devem ser tomados à vontade, desde que minimizados pela prudência. Essa é, aliás, uma dobradinha poderosa. Em *Mar português*, um de seus poemas mais famosos, Fernando Pessoa recomenda o risco calculado quando lembra que Deus deu ao mar perigos e abismos, mas nele é que espelhou o céu. Navegue, sim, mas com precisão.

"Deus deu ao mar **perigos e abismos,** mas nele é que **espelhou o céu**"

10

Respeitando os limites

[PESSOAS ESPECIAIS I]

Quem já experimentou a emoção de surfar, cavalgar uma onda equilibrando-se sobre uma prancha de poliuretano, sabe que poucas sensações podem ser mais espetaculares e mais difíceis de traduzir com palavras. Os mais fanáticos chegam a exagerar: "Entre sexo e surfe, fico com o surfe", dizem eles.

O imenso prazer do surfe é proporcional à dificuldade de praticá-lo. Remar montado na prancha, esperar na área adequada, escolher a onda certa e entrar nela no momento preciso, alinhar o eixo, ficar em pé, equilibrar-se, para finalmente surfar. Isso sem contar o preparo físico, a resistência ao frio, ao vento, ao sol, às águas-vivas, aos recifes, à hostilidade dos grupos nativos... Cansou? Quem sabe um frescobol?

O surfe é tido como um esporte para gente corajosa: rapazes e moças, jovens ou nem tanto, mas sempre corajosos. Por isso é que atitudes de não-coragem, nesse meio, são sempre vistas com desconfiança. Há até um vocabulário próprio para tratar desse assunto: "amarelar" e "puxar o bico" são expressões comuns entre os surfistas. As duas tratam da desistência de um surfista diante de uma onda, mas possuem significados diferentes. "Amarelar" significa desistir de enfrentar uma situação perigosa ou difícil por medo; "puxar o bico" é não enfrentar uma situação por não considerá-la apropriada.

Vamos falar de puxar o bico. Imagine a cena: você entra em uma onda, com a melhor das intenções, quando percebe que algo está errado. Alguém entrou na sua frente, ou você não está bem posicionado, ou está muito perto dos recifes, ou outra situação qualquer que sinalize não ser prudente pegar essa onda. O que você faz? Desvia o eixo da prancha, retirando-a da onda — puxa o bico dela e cai fora, até que uma onda melhor apareça. Nada mais lógico. Você não amarelou, apenas puxou o bico. Estamos falando de reconhecer o limite.

O catarinense Neco Padaratz, que é o melhor surfista do Brasil e um dos melhores do mundo, já fez isso. Teve gente que não entendeu sua atitude ao anunciar que não participaria da terceira etapa do Mundial de Surfe, o World Championship Tour (WTC), em Teahupoo, no Taiti. Neco puxou o bico de Teahupoo, mas acabou pegando a melhor onda de sua vida: a de perceber suas potencialidades e seus limites. Deu uma espetacular lição de grandeza, pois teve a humildade de reconhecer que não estava preparado para essa etapa.

Em carta aberta, o catarinense reconheceu: "Todo ser humano tem seu limite, e hoje meu limite é Teahupoo". Nenhuma onda do mundo mete medo em Neco — nem as de Teahupoo. Ele apenas reconhece seu perigo. Em 2000, ele quase perdeu a vida, quando, no meio de uma disputa, foi literalmente sugado pela onda e arremessado ao encontro dos corais que o mantiveram preso até que o resgate chegasse. Ele de fato entende de limites, porque já esteve naquela linha que separa a vida da morte.

Como eu disse anteriormente, a vida da maioria de nós — mortais comuns que trabalham em escritórios, empresas e consultórios — parece, numa primeira análise, ter pouco que ver com as fantásticas histórias que vimos até aqui, mas isso não é verdade. Independentemente do que você faça, tem lá seu Teahupoo e seu Moby Dick. E você faz muito bem em ter medo deles, o que não significa que seja um covarde. Se você tiver medo, está com problemas; se não tiver, também.

A coragem não elimina o medo; em vez disso, cria com ele uma dualidade, que pode ser chamada de maturidade. Esta foi a onda que Neco Padaratz surfou: a onda da maturidade, que é a melhor de todas, pois é a que nos dá a verdadeira sensação de liberdade. Neco não precisa provar mais nada a ninguém. Para ele, a maturidade chegou aos 27 anos.

11

Os ciclos da vida

— Sabina, você melhorou, está curada. Pode voltar para casa e retomar sua vida, não precisa continuar internada neste hospital.

— Não posso, doutor. Não vou conseguir viver sem seus cuidados, sem as orientações que você me dá e me deixam tão segura.

— Você não precisa mais de mim. Acredite: está curada. Só está com medo de enfrentar sua nova vida. Está vivendo a crise de passar de um mundo conhecido para outro que parece assustador, porque você apenas imagina como ele é. Depois você verá que foi apenas a transição que lhe causou a insegurança e a sensação de abandono.

— Você não entende, Carl. Eu... eu... estou completamente apaixonada por você...

Uau! Estamos diante de um caso clínico ou de uma história de amor? Ambos. A jovem russa Sabina Spielrein tinha uma relação muito difícil com seu pai e apresentava episódios freqüentes de histeria. Acabou sendo internada em um hospital psiquiátrico em Zurique, na Suíça. Isso a deixou ainda mais desesperada: longe de casa, se sentia totalmente insegura. O diretor do hospital designou, para cuidar dela, um médico jovem chamado Carl Gustav Jung, que estava experimentando uma terapêutica nova, ainda duvidosa, criada por um tal doutor Freud, com base em muita conversa e na interpretação de sonhos. A terapêutica funcionou e a paciente melhorou. Ela venceu a doença, mas um efeito colateral surgiu: ela criou uma enorme dependência afetiva em relação ao médico. O diálogo acima é imaginado, mas a história é real e pertence aos primórdios da psicanálise. Jung corresponde à paixão da paciente e vive com ela um tórrido romance (naquela época, a relação médico–paciente ainda não estava bem estruturada).

O apimentado episódio é explorado pelo filme-cabeça *Jornada da alma*, uma versão romanceada da vida de alguns dos protagonistas das mudanças pelas quais passou o tratamento das doenças mentais no início do século passado. O filme se transformou em um exemplo de como as pessoas têm dificuldade para abandonar uma fase da vida e ingressar em outra, ainda que esta seja aparentemente melhor.

Como a vida de todos nós é formada por vários períodos de mudança e transformação, não temos como fugir das crises, mas podemos aprender a lidar com elas. Isso exige amadurecimento das emoções e controle dos pensamentos, e isso — acredite! — leva tempo e provoca algum sofrimento. Mas há estratégias. A jovem Sabina, por exemplo, mergulhou de cabeça no mundo do autoconhecimento, estudou Medicina e acabou por se tornar, ela mesma, psicanalista. Levou conceitos científicos ainda incipientes para sua Rússia natal e fundou uma instituição chamada Creche Branca, para ajudar crianças com problemas psicológicos. Lamentavelmente ela acabou sendo morta ainda jovem pelos nazistas — dessa crise, infelizmente, ela não teve como escapar.

Um ciclo é um fenômeno evolutivo, em que vários acontecimentos se sucedem em uma ordem determinada. A Natureza é cheia de ciclos: da água, do oxigênio, do carbono, do nitrogênio... E nós participamos deles, comendo, excretando, respirando, e também nascendo e morrendo.

Somos cíclicos: passamos por várias fases com começo, meio e fim.

Sim, somos ciclos ambulantes, e não só biologicamente: psicologicamente também. Contudo, nesse setor a complexidade é maior, bem maior, aliás. Passamos por várias fases que, na verdade, são ciclos em si, com começo, meio e fim. Eles precisam ser abertos pelos motivos adequados, e fechados quando se esgotam. Senão, deixam marcas psicológicas que teimam em continuar doendo.

12

As crises dos ciclos

Os ciclos psicossociais são abertos pela idade (infância, adolescência, maturidade), pelas relações (namoros, casamento, família) e pelas atividades sociais (escola, faculdade, empregos etc). Nunca passamos impunemente de um ciclo para o seguinte: a transição é sempre traumática. Haja fôlego!

Na evolução natural das coisas, uma crise é um momento ou uma fase difícil, em que fatos, idéias, *status* ou situações são questionados e alterados. Crise significa ruptura, perda de equilíbrio, mudança, incerteza. Não há como fugir das crises, mas o fato é que aprendemos com elas e, por isso, amadurecemos e evoluímos.

Se por um lado elas são vistas como momentos perigosos e decisivos, por outro constituem também oportunidades de crescimento, de transformação para melhor. Para isso, é necessário certo grau de amadurecimento — coisa que, nas primeiras crises da vida, nós obviamente não temos. Leva-se tempo para virar um "gestor de crises", já notou?

Voltando a falar dos ciclos, devemos lembrar que eles, por definição, se completam em si mesmos. Um ciclo só se resolve quando se fecha; se isso não acontece, levamos resquícios mal resolvidos para o novo ciclo que se abre, prejudicando-o pela não-resolução do anterior. Quando alguém termina uma relação amorosa sem fechar o ciclo — ou seja, sem de fato chegar ao final dela —, tem dificuldade para engrenar a seguinte. No final, tudo dá certo, mas leva mais tempo. Honestamente, quem já não passou por isso? E fechar ciclos não é assim tão fácil, justamente porque pressupõe enfrentar algo desconhecido, o início de um novo tempo, com coisas novas e excitantes, mas perigosas. Dá um medinho...

Crise significa ruptura, perda de equilíbrio, mudança, incerteza.

É de praxe dividir a vida de uma pessoa em quatro fases: infância, adolescência, maturidade e velhice. Está correto, mas, no mundo moderno, coalhado de informação e de oportunidades, cada uma dessas quatro fases divide-se em um número variável de subfases, a tal ponto de algumas delas já serem consideradas novas etapas.

Entre a adolescência e a maturidade, por exemplo, considera-se a existência de mais uma etapa bem definida, que curiosamente está sendo chamada pelos psicólogos de "anos de Odisséia". É justamente nessa idade que a pessoa enfrenta sua primeira crise existencial, diante do imenso conjunto de oportunidades que estão à sua disposição — uma verdadeira Odisséia. Escolhas são difíceis porque pressupõem renúncias. Quando escolhemos uma profissão, por exemplo, abrimos mão de todas as outras — ou, pelo menos, é no que o jovem dono-do-futuro acredita. A escolha de uma carreira transforma-se em uma espécie de condenação. É como se a pesada mão do destino apontasse para o jovem um dedo acusador e dissesse, com voz cavernosa: "Você está condenado a ser engenheiro pelo resto de sua vida". Pobre garoto: olha maravilhado o imenso cardápio que a vida lhe estende com uma mão generosa e, ao mesmo tempo, ouve transtornado uma voz egoísta lhe dizer que deve decidir *já* seu futuro. Crise!

Entre a maturidade e a velhice, colocamos mais uma fase, chamada simplesmente de envelhescência (nome proposto pelo escritor Mário Prata). É isso mesmo que você está pensando: é a adolescência do adulto que não quer ficar velho. E ele pode deter-se, por algum tempo, nesse intervalo em que poderia ser chamado de velho, mas não se comporta como tal. Já passou dos 60, mas continua produtivo como nunca, com a saúde sob controle e fazendo planos. Porém, assim como o adolescente, ele tem dúvidas sobre o futuro. O adolescente não é mais uma criança, mas ainda não é um adulto, apesar de achar que já é. O envelhescente ainda não é um velho, mas também já não é simplesmente um adulto, apesar de achar que ainda é.

13

Começar, terminar, começar

Abrimos e fechamos ciclos todos os dias — em casa, no trabalho, na rua. Nas empresas, os ciclos se abrem com a definição de objetivos, são executados com a aplicação dos recursos e se fecham com a obtenção dos resultados esperados. Então se abre um novo ciclo, mirando um novo resultado.

No mundo do trabalho, não entregar resultados equivale a deixar ciclos abertos, desperdiçando energia. As pessoas que abrem ciclos e os deixam abertos sempre serão questionadas pelas outras e apontadas como incompetentes e descartáveis. E é sempre bom lembrar que, no organismo empresarial, os ciclos estão ficando cada vez mais curtos, exigindo mais atenção com a aplicação dos recursos entre eles, a atitude humana.

O compromisso com o resultado não elimina outros, como os compromissos com a ética, com a segurança, com o meio ambiente, com a qualidade... Porém, ele é o primeiro a acender uma luz vermelha quando não está sendo atendido. E faz questão de nos lembrar que todos os outros compromissos estão a serviço dele: se ele não for respeitado, não haverá um novo ciclo, e o sistema trava.

Esse cenário pode parecer cruel, mas não podemos esquecer que é disto que trata a empresa: de atingir resultados, gerando valor para seus clientes. Uma parte desse valor é revertida para a empresa em forma de lucro, de resultado financeiro. Na empresa, fechar um ciclo é transformar trabalho em felicidade. O acionista, o cliente e o colaborador ficam felizes quando o ciclo se fecha corretamente — e a vida continua. Pois é, nas empresas, os esforços são apreciados, mas os resultados é que são valorizados. Os esforços são a aplicação dos recursos para fazer o ciclo girar, mas são os resultados que sinalizam que o ciclo se fechou, gerou valor, e que um novo ciclo pode ser aberto.

Com sua magistral obra *Memórias póstumas de Brás Cubas*, Machado de Assis inaugura o realismo na literatura brasileira e nos dá alguns exemplos da preocupação humana com os resultados. Brás Cubas fecha o ciclo da vida. Morre. Mas volta como um defunto escritor para revelar que, apesar de ter morrido, não havia concluído seus propósitos. Como epílogo de suas lembranças, o falecido escreve: "Este último capítulo é todo de negativas. Não alcancei a celebridade do emplasto, não fui ministro, não fui califa, não conheci o casamento". No final, como que procurando alguma vantagem entre as coisas que ele não fez, diz: "Ao chegar a este outro lado do mistério, achei-me com um pequeno saldo, que é a derradeira negativa deste capítulo de negativas: não tive filhos, não transmiti a nenhuma criatura o legado da nossa miséria".

Esse romance machadiano tem um forte caráter psicológico, faz várias críticas sociais e, ao final, dá ao personagem apenas o mérito de não ter colaborado com a continuidade da angústia humana. Entre o cômico e o trágico, repousa a história de uma vida sem atitude, sem compromisso, sem resultados. Um ciclo que se fechou sem ter sido concluído. Crise *post mortem*?!

14

O que não me mata...

Crises são períodos amargos da vida: representam a quebra de um equilíbrio confortável e nos fazem sofrer. Não há dúvida quanto a isso, mas... Olhando de perto, podemos encontrar dentro da crise o lado bom — o motivo que nos leva a promover as mudanças necessárias. Pense um pouco, caro leitor, se nunca lhe aconteceu algo que na ocasião pareceu uma tragédia, mas hoje você agradece porque foi o que o levou a tomar atitudes que transformaram sua vida para melhor. Eu, que não sou diferente de ninguém, tenho uma coleção de fatos que odiei quando aconteceram, e hoje agradeço.

Dizem que há dois tipos de crise: a maldita e a bendita. A diferença não está na qualidade, mas na reação de quem passa por elas. A mesma crise pode provocar efeitos diferentes (às vezes opostos) em duas pessoas distintas. A psicologia ainda tem dúvidas sobre os motivos que levam uma pessoa a ser destruída por uma vicissitude da vida enquanto outra aproveita a mesma oportunidade para se transformar para melhor. Na dúvida, opte por reagir. É melhor perder lutando.

Capacidade de superar dificuldades, tragédias e dramas pessoais, todos temos. Alguns mais, outros menos, é verdade, mas perceba: essa capacidade é insuspeita, ou seja, não dá para antecipar a reação de uma pessoa diante de uma dificuldade. Há casos de pessoas consideradas frágeis, de baixa energia interior, que quando assaltadas por uma grande dificuldade tiveram o botão da reação finalmente ligado. Sim, a pessoa pode ser salva pela crise — é o anjo da sorte piscando o olho, malicioso.

A filosofia explica. Essa qualidade que o ser humano tem de superar as próprias limitações foi vista de maneira diferente por dois filósofos:

Schopenhauer e Nietzsche. O primeiro era um pessimista de carteirinha e achava que nada, ou pouco, poderia ser feito para mudar o rumo das coisas. O segundo acreditava na capacidade do homem de dar a volta por cima, apesar de achar que isso não era para todos.

Schopenhauer não era um fatalista, daqueles que acreditam que o destino está escrito e pronto. Ele apenas achava que se algo ruim acontece na vida de alguém é porque há forças externas muito maiores que as forças da própria pessoa. Então, de pouco adiantaria lutar. Ele não era fatalista, mas de certa forma era conformista. Pelo título, o livro *A cura de Schopenhauer* (Irvin Yalom, Ediouro) leva o leitor a imaginar que o filósofo é curado de alguma doença, mas não é isso. É o personagem central da trama que, em dado momento, "cura-se" da influência negativa de seu filósofo predileto e passa, finalmente, a acreditar no poder de superação do ser humano — e no seu próprio.

Já Nietzsche nos legou a idéia de vontade de poder. Examinando a expressão em sentido inverso, podemos atribuir poder à vontade. "Tudo o que não me mata me fortalece", teria dito o filósofo, dando a entender que possuímos o poder de superar nossas fraquezas e dificuldades, e que são elas que acionam o gatilho que dispara tal poder. A força está em nós — basta usá-la. É claro que, para não trair seu jeito nietzschiano de ser, o filósofo informa que nem todos conseguirão usar esse poder interior. Aqueles que o conseguirem serão admirados pelos demais. Mas como saber quem será o eleito para usar o poder de superação antes de ser colocado à prova? Não há racionalidade que selecione, *a priori*, os super-homens nietzschianos.

É melhor perder lutando

15

...me fortalece

Console-se, caro leitor: você não está sozinho nessa floresta de crises que cresce no terreno fértil da incerteza humana. Estamos todos condenados a enfrentar crises existenciais na medida em que amadurecemos e vamos experimentando as várias fases da vida. Sofremos? Sim. Isso é ruim? Longe disso! Acompanhe o diálogo a seguir:

— Você vai entrar em crise, é inevitável — disse o professor a seu aluno atento, amedrontado diante das circunstâncias da vida.

— Mas eu não posso tomar providências para evitar a crise? — perguntou o jovem, com o coração acelerado.

— Não. O que você pode fazer é antecipá-la, mas nunca evitá-la. Se você não tiver disposição para enfrentar as crises, estará condenado a não se desenvolver e evoluir. A crise tira as pessoas da zona de conforto, desperta a criatividade, provoca a inovação, recupera o crescimento. Se você não provocar a crise, ela virá de qualquer maneira e, então, pode ser que você não esteja preparado para enfrentá-la e para aproveitar esse estímulo para crescer.

O jovem saiu da visita de aconselhamento mais confuso do que estava antes. Sua "brilhante" idéia era viver driblando as turbulências da vida a partir de medidas preventivas. Acabara de receber uma ducha de água fria do mestre, que insistia no valor e na importância das crises. O professor chegava ao limite de dizer que, se você está em calmaria, deve provocar uma crise, exatamente para poder mantê-la sob controle. Segundo ele, a crise protagoniza a evolução das pessoas e da sociedade.

O diálogo acima foi adaptado de uma história real, vivida por um executivo bem-sucedido que eu conheço durante seu curso universitário. Detalhe: a disciplina do professor em questão não era Psicologia nem Filosofia — era Economia. Os economistas são pessoas pragmáticas, interessadas em entender e explicar o enriquecimento das pessoas, das empresas e das nações. Segundo eles, qualquer agrupamento econômico (uma empresa, por exemplo) só irá crescer e se perpetuar se fechar seus ciclos de crescimento, que são formados por quatro etapas: expansão, recessão, depressão e recuperação.

A recuperação só ocorre porque na depressão a empresa e, por tabela, as pessoas que a compõem entram em crise e se tornam mais criativas e produtivas. Há empresas, entretanto, que usam a crise para procurar culpados, não soluções. Quando tentam evitar a crise, estão apenas fazendo de conta que ela não existe, até que não possam mais ignorá-la: o bode entrou na sala. Essas empresas são as que fecham as portas mais cedo. Já as empresas espertas aproveitam a crise para criar uma nova fase, mais produtiva. As empresas ainda mais inteligentes não esperam a crise que vem da depressão e provocam uma crise ainda na fase de recessão. Dessa forma, a fase de recuperação é antecipada. Na vida das pessoas, é a mesma coisa: se você não entra em crise, acaba se acostumando com a situação, mesmo que ela não seja favorável. Entrar em crise é reagir à dúvida e à incerteza, procurando novos caminhos. Assim caminha a humanidade: para a frente!

Há uma experiência curiosa, realizada com batráquios: se você jogar um sapo na água quente, ele certamente pulará fora. Pode ser um sapo, mas sabe que o ambiente é hostil e provoca sofrimento. Porém, se você colocar um sapo na água fria e esquentá-la devagar, aos poucos, ele não perceberá a mudança de temperatura. Quando menos espera, ele morre cozido. Não reage à mudança porque não a percebe. Não entra em crise: entra em marasmo. É o que acontece conosco. Somos salvos pela crise porque reagimos a ela. Caso contrário, morremos lentamente, enganados pelo calorzinho do conforto proporcionado pela estabilidade e pela conformidade. Saia dessa. A crise é um poço com uma mola no fundo. Pule com gosto!

Entrar em crise é reagir à dúvida e à incerteza, procurando novos caminhos.

16

Paciência

[PESSOAS ESPECIAIS II]

Bill Porter e Srinivasa Ramanujan nunca se conheceram. O primeiro é norte-americano de Portland, Oregon; o segundo, da pequena cidade de Erode, na Índia. Eles não têm nada em comum, a não ser um traço de personalidade que fez toda a diferença em suas difíceis vidas: uma inabalável determinação. Neste capítulo, você irá conhecer a história de Bill Porter.

Bill é o que se convencionou chamar de "jovem especial", mas é importante interpretar com muito cuidado o que isso significa. Ele nasceu com paralisia cerebral, o que lhe trouxe dificuldades para aprender e se comunicar. Além disso, seu corpo se tornou meio atrofiado, traço que lhe confere um caminhar hesitante e lhe causa dores constantes. Durante a infância e a juventude, Bill foi tratado por todos como retardado e incapaz; foi cuidado pela mãe e atendido pelos programas do governo voltados para portadores de deficiência.

Sim, Bill era especial, não no sentido físico ou intelectual (nisso ele era apenas diferente), mas em sua imensa determinação. Já adulto, decidiu que não podia continuar vivendo à custa da providência, sob os cuidados da mãe. E foi justamente ela quem lhe deu o apoio necessário: ela o ajudou a perceber que, embora ele pensasse e caminhasse mais lentamente que as outras pessoas, ainda assim ele pensava e caminhava. Bastava, portanto, encontrar um trabalho adequado ao seu ritmo, à sua velocidade. Bingo! — Bill decidiu ser vendedor de porta em porta.

Sua determinação foi fundamental desde o começo: ele teve as oportunidades de emprego negadas sistematicamente, até invadir o escritório do chefe de vendas da Watkin, uma empresa de produtos de limpeza. Desafiou-o a lhe deixar trabalhar na pior parte do pior bairro de Portland, um lugar que os demais vendedores haviam recusado. Talvez para se livrar do insistente candidato, o responsável lhe deu a vaga. E nunca se arrependeu disso. Há quatro décadas Bill trabalha na mesma empresa, colecionando clientes, admiradores, prêmios de venda e até medalhas de honra. Tudo graças ao seu imenso estoque de determinação, que substituiu com vantagens a inteligência tradicional e o vigor físico. Bill Porter é um homem que dá sentido àquele ditado: "Água mole em pedra dura, tanto bate até que fura".

A história de Bill pode ser visitada em www.watkinsonline.com/billporter, ou vista no filme *De porta em porta (Door to door)*, produzido para a televisão em 2002. Bill foi brilhantemente interpretado pelo ator William H. Macy, e o filme ganhou quatro estatuetas no Emmy Awards 2003. Em uma das cenas mais comoventes do filme, o vendedor novato senta-se em um banco de rua para comer seu almoço, após a primeira série de visitas oferecendo detergentes – todas infrutíferas e frustrantes. Ao desembrulhar o sanduíche que sua mãe lhe preparara, lê uma palavra escrita com molho de tomate sobre o pão. Ao virá-lo, encontra mais uma. A primeira era "paciência"; a segunda, "persistência".

A pedra desiste,
a água persiste.

17

Persistência

[PESSOAS ESPECIAIS III]

Bill Porter relatou o impacto que as palavras pintadas no pão tiveram sobre seu estado de espírito. Sem essas duas qualidades, ele teria desistido muito cedo de sua saga como vendedor de porta em porta. O belo dessa história é que Bill não é único — ele é apenas um símbolo. A paciência e a persistência estão sempre presentes na história de pessoas que conquistam algo, trocam uma situação por outra melhor, atingem um objetivo ou realizam um sonho.

Preparar-se tecnicamente e estar no lugar certo e na hora certa são fatores fundamentais. No entanto, se considerarmos as dificuldades crescentes em todas as áreas da chamada vida moderna, veremos que eles são necessários, mas não suficientes. Há qualidades humanas que a escola e outras facilidades não podem ensinar ou oferecer. Entre elas está a que se convencionou chamar de *determinação*, que pode ser fracionada em *paciência* e *persistência*. Ponto para a mãe do Bill.

Porém, a determinação não pode e não deve estar divorciada do objetivo. Nietzsche disse que "quem tem *por que* viver agüenta qualquer *como*". A sabedoria contida nessa curta frase é imensa. A paciência com a situação atual e a persistência sustentada por uma idéia têm compromisso com o futuro, que se deseja melhor. Continuar persistindo sem esmorecer ante as dificuldades e buscar forças em reservatórios que pareciam vazios depende do compromisso com o objetivo, que está sempre deslocado no tempo. Não está no aqui e no agora; está no amanhã, em algum lugar. E é nessa combinação que reside a diferença entre os que persistem e se aquietam diante do insucesso momentâneo e os que se impacientam, se desesperam e se destroem.

Paciência e persistência são atributos raros, e é ainda mais raro que eles apareçam juntos. A boa notícia é que eles podem ser aprendidos, e há bons mestres nessa matéria. O primeiro mestre é a própria experiência: o sofrimento que não revolta, mas enrijece o espírito, levanta a cabeça, endireita a espinha. O segundo é a história, presente nos livros, nos companheiros mais velhos, nos pais, nos conselheiros. É importante ouvir quem já viveu, já experimentou e, por isso, pode contar o sabor da vida — que de amargo pode tornar-se doce, quando a perseverança vence a indolência e a desesperança.

No extremo oposto de Bill Porter, o cérebro de Srinivasa Ramanujan era privilegiado. Ele foi um gênio da matemática e é, até hoje, considerado o mais estranho homem de toda a história dessa ciência. Foi comparado a uma supernova, no dizer dos astrofísicos, por ter iluminado os cantos mais escuros e mais profundos da matemática, antes de ser vencido pela tuberculose, que o levou à morte aos 33 anos. Ramanujan viveu no início do século 20 e tornou possível a solução de problemas que emperravam a física quântica. Entretanto, o mundo só foi beneficiado por sua inteligência porque ela veio acompanhada de uma dose incalculável de perseverança.

Ramanujan nasceu na Índia em 1887, em uma família pobre, apesar de ser brâmane, a mais elevada casta hindu. Rapidamente mostrou que não era uma criança como as outras: tinha espantosas habilidades com o cálculo, o que lhe valeu mais curiosidade do que admiração, pois de pouco lhe valia essa facilidade no ambiente em que vivia. Para piorar, ele sentia-se incapaz de conviver com as pessoas que o rodeavam, inclusive na escola, onde se sentia totalmente deslocado. Como acontece com as crianças superdotadas em colégios convencionais, quase foi considerado um retardado. Mas Ramanujan acreditava em suas teorias. E, o mais importante, era persistente...

Superação

[PESSOAS ESPECIAIS IV]

Srinivasa Ramanujan já era adulto quando conseguiu um emprego de funcionário subalterno no porto de Madras. O emprego era ruim e o dinheiro, pouco, mas havia uma vantagem: sobrava-lhe tempo para mergulhar em seu mundo particular, o dos cálculos e estudos matemáticos. Nesse aspecto ele já foi comparado a Einstein, que trabalhou na Agência de Patentes da Alemanha para sobreviver, enquanto se dedicava às suas incursões na ciência.

O jovem Srinivasa começou, então, a enviar cartas — suprema ousadia para um jovem pobre e iletrado de uma colônia britânica — a professores de universidades inglesas. As cartas não eram levadas a sério, e a maioria delas não era sequer aberta. Até que uma delas foi. E quem a leu, provavelmente em um momento de tédio, foi um brilhante matemático de Cambridge, Godfrey H. Hardy. A carta começava assim: “Peço licença para me apresentar a Vossa Senhoria como funcionário do Departamento do Escritório do Porto de Madras, com um salário de 20 libras por ano”, e seguia com uma coleção de 120 teoremas que eram totalmente desconhecidos pelos matemáticos do Ocidente.

Depois de muita dificuldade, o professor Hardy conseguiu levar o jovem e ousado indiano para Cambridge, onde permaneceu por três curtos mas intensos anos de estudo e troca intelectual. Ramanujan deixou na Inglaterra 400 páginas com 4 mil fórmulas de incrível beleza e poder. No último ano de sua vida, ainda produziu mais 130 páginas em um caderno que foi encontrado apenas em 1976 — o famoso “caderno perdido de Ramanujan”. Sobre isso, o matemático Richard Askey disse: “O traba-

Suas inúmeras cartas não tinham

lho daquele único ano, enquanto ele estava morrendo, foi equivalente ao trabalho de uma vida inteira de um matemático consumado. Se fosse um romance, ninguém acreditaria nele".

Srinivasa Ramanujan passou para a História como um raro gênio da matemática, mas sua inteligência jamais teria sido conhecida pela comunidade científica mundial se aquele jovem pobre, doente e isolado em um rincão esquecido não fosse perseverante. Suas cartas não tinham resposta, mas ele nunca se abalou: continuou escrevendo e postando suas correspondências, até que um envelope atingiu o alvo certo. O professor Hardy costumava atribuir graus de excelência aos seus pares. O maior tinha sido dado ao gênio matemático do século 19, David Hilbert — grau 80. A Ramanujan, Hardy se rendeu e deu o grau 100. A si mesmo, Hardy conferia apenas 25. Isso nos dá uma idéia da importância de persistir.

Ramanujan e Bill Porter não foram abençoados pelas facilidades que tantos ganharam da vida — famílias estruturadas, escolas de qualidade, amigos fiéis, corpos belos, cidades cheias de oportunidades. Por outro lado, suas almas foram equipadas com poderes incalculáveis — força de vontade e perseverança — e puderam vencer a rigidez de uma vida de dificuldades que, para outros, seria motivo de desespero e derrota.

O ditado-metáfora "Água mole em pedra dura, tanto bate até que fura" nos ensina que a água vence a rocha porque, em essência, é mais rígida que ela. Se evaporar, voltará à forma líquida com o tempo. Já a rocha que se fragmenta vira areia e assim se eterniza. A água não é mole, é maleável: adapta-se ao continente, mas deixa sempre a marca de sua pressão e sua força. É possível aprisioná-la, mas não domá-la, porque ela trata de ocupar todo o espaço que lhe é dado — ao contrário do sólido, que se contém em si mesmo e pode quebrar, mantendo a identidade da molécula mas perdendo irrecuperavelmente a identidade da forma. A pedra desiste, a água persiste.

resposta, mas ele nunca se abalou

19

Renovação

[PESSOAS ESPECIAIS V]

Realmente, a capacidade de superar as adversidades confere aos homens certa qualidade divina. Analisar os casos verídicos é a melhor maneira de entender a inigualável oportunidade de aprendizado e de engrandecimento pessoal que o destino nos dá. Há muitos exemplos na vida real. Alguns são notáveis, como o do pianista João Carlos Martins, que vai deixar dois legados para as futuras gerações: sua brilhante produção musical e sua imensa capacidade de superar a adversidade.

Martins começou a estudar piano aos 8 anos de idade e, após nove meses de aula, vencia com louvor o concurso da Sociedade Bach de São Paulo. Todos perceberam estar diante de um prodígio. O garoto trilhou uma rápida carreira de pianista internacional, dedicando-se à obra de Bach com devoção, a ponto de ser considerado o mais importante intérprete do compositor desde o excêntrico canadense Glenn Gould, que se aposentava enquanto João Carlos despontava. Gravou a obra completa de Bach, e sua interpretação do *Cravo bem temperado* foi um fenômeno de vendas nos Estados Unidos. Tocou nas principais salas de concerto do mundo, inaugurou o memorial dedicado a Glenn Gould em Toronto... e por aí vai.

No auge da fama, aos 26 anos, sua outra paixão, o futebol, lhe pregou uma peça. Durante uma partida de futebol com amigos no Central Park, em Nova York, Martins caiu sobre o próprio braço e perdeu os movimentos da mão. Para qualquer pessoa isso já seria uma tragédia. Para ele, um pianista, era um desastre completo. Ou melhor, *seria*, não fosse sua incrível capacidade de recuperação, apoiada por cirurgias, sessões dolorosas de fisioterapia, injeções na palma da mão etc. E o pianista voltou ao piano e às melhores salas de concerto. Não sem dor, mas com paixão.

Mas o destino não estava satisfeito: anos depois, em plena atividade, Martins sofreu um assalto violento em Sófia, na Bulgária. A agressão afetou-lhe novamente as mãos, sua ferramenta de trabalho. Voltou às salas de cirurgia e de fisioterapia. E, mais uma vez, João Carlos retornou ao piano, até que em 2002 as seqüelas das lesões o venceram e provocaram a paralisia definitiva das duas mãos. O pianista, então, se afasta do piano. E da música, também?

Não. Não ele. Com 63 anos, idade de aposentadoria para os meros mortais, João Carlos começa a estudar regência; dois anos depois, rege a English Chamber Orchestra em Londres. O que o move não são apenas o dom e o amor pela música, mas a força interior e a paixão pela vida. Sua história parece um filme. E virou um: *A paixão segundo Martins*, documentário franco-alemão da cineasta Irene Langemann.

Fui assistir à apresentação da Orquestra Bachiana regida por João Carlos na Sala São Paulo. Interpretaram a *Nona sinfonia* de Beethoven, aliás, obra escrita quando o compositor já era surdo — outro exemplo ensurdecedor (desculpe!) de superação. A apresentação daquela noite seria apenas irretocável, não fosse por dois detalhes: incapaz de virar a página da partitura, o maestro teve de decorar todas as notas da obra. Regeu de cor! E ainda, no final, após os aplausos da platéia, nos deu uma canja. Mandou que subissem um piano pelo elevador do palco e atacou a *Ária da quarta corda*, de Bach, originalmente escrita para violino. Nessa composição, o violinista usa apenas a corda sol para executar a bela melodia. João Carlos tocou-a no piano usando apenas os três dedos que lhe restaram com movimento. Eu sei que não era sua intenção, João, mas naquele momento todos nós nos sentimos pequenos diante de sua grandeza.

Sem poder virar as páginas da partitura, o maestro **decorou as notas**

Um beijo na realidade

[PESSOAS ESPECIAIS VI]

Tenho um querido amigo chamado José Luiz. É impossível afirmar com certeza, mas se ele não tivesse sofrido um grave acidente na infância talvez não tivesse liberado a força que hoje coloca em tudo o que faz. Certo dia, quando ele tinha 3 anos de idade, sua mãe de criação tentava derreter uma lata de cera de chão com gasolina e fogo, até perceber que perdia o controle da labareda. A reação natural foi arremessar a lata pela janela, sem perceber que o menino estava brincando no quintal. O resultado foi a queimadura total de seu rosto por um combinado incandescente difícil de apagar. Foi salvo pela vizinha, que abafou o fogo com um cobertor.

A partir de então, a vida de José Luiz tem os ingredientes de uma tragédia. Centenas de cirurgias, anos vividos na Santa Casa de Misericórdia de Santos, onde cursou parte do ensino fundamental em uma escola para crianças doentes, impedidas de freqüentar as escolas comuns. Teve a infância e a juventude roubadas pelo destino contido em uma lata de cera.

A vizinha de José Luiz era uma mulher amorosa, que ajudou a cuidar dele e, como era professora de violão, começou a dar-lhe aulas. E não é que o menino tinha talento? *Touché*, destino! Aos 16 anos, ele compôs uma música que foi premiada em um festival local. Um dado bonito: o grupo de músicos que iria apresentá-la impôs a condição de que o autor deveria cantá-la. Vidas são transformadas a partir de certas decisões, e a dele, naquele momento, foi a de vencer a vergonha e enfrentar a platéia. Sua auto-estima começava, nessa data, um fabuloso processo de recuperação. Hoje, José Luiz Tejon é publicitário e jornalista, dirige uma empresa com 700 funcionários, é mestre em Educação, professor em duas universidades, escreveu sete livros, dá palestras no Brasil e no mundo e, claro, mantém sua banda de rock – a *Dinossauros Rock Band*.

A amizade de Tejon é daquelas que só me fazem bem. Quando liguei para ele em busca de elementos para este texto, me dei conta de que nunca antes o havia visto como uma pessoa diferente. Ele relata tudo com naturalidade, sem a emoção dramática dos fatalistas. Contou-me que trabalha como voluntário no Instituto Pró-Queimados (IPQ) porque dá imenso valor ao apoio da comunidade em que o acidentado vive. Quando lhe perguntei se todas as pessoas reagem como ele, disse-me:

— **Não, muitos usam essa condição** para provocar piedade e esperar as benesses da inferioridade, a paradoxal desvantagem vantajosa.

— **O que, na sua opinião,** estabelece as diferentes reações entre as pessoas diante da adversidade? – perguntei.

— **A capacidade de beijar a realidade** – respondeu, sábio. – Os que aceitam a realidade usam a energia para a superação, não para a revolta.

***O beijo na realidade* é o belo e instigante título** de um dos livros de Tejon. Ao seu leitor, fica a pergunta: "Você beija sua realidade ou a esbofeteia?" – sem esquecer que a reação será proporcional. Pois é... mais uma vez, a diferença parece estar no poder de beijar a face certa.

Às vezes o soco do destino nos atinge e derruba; após o esgar de dor, somos atingidos pela revolta, e a depressão nos paralisa. Quando enfim levantamos a cabeça, endireitamos a espinha e olhamos a vida de frente, não somos mais a mesma pessoa. Não... somos muito melhores. A crise nos agiganta – ou não. Depende de você!

Reflexões sobre

o trabalho,
a carreira,
a honestidade
profissional, a vida
pessoal, a disciplina
para criar e
a competência
para ser focado
sem ser alienado.

Primeira Parte

Segunda Parte

Terceira Parte

Quarta Parte

21

Montanha acima

O **diretor de cinema alemão Werner Herzog** é um desses homens que não se contentam com cenários prontos. Trata de construir os seus, às vezes contrariando a lógica — pelo menos a lógica vigente. Em 1982, produziu e dirigiu um filme tão improvável quanto o próprio enredo: *Fitzcarraldo*. Filmado inteiramente na Amazônia brasileira, *Fitzcarraldo* conta a história de um visionário irlandês que viveu na região no final do século 19, em pleno apogeu do ciclo da borracha. Montou uma fábrica de gelo, era amante da dona do bordel local, Molly, circulava entre os barões da borracha. E tinha um sonho: construir um teatro de ópera em plena selva, onde o tenor italiano Enrico Caruso, a grande sensação do Bel Canto da época, pudesse se apresentar. Simples assim. Coisa pouca...

Fitzcarraldo compra um barco a vapor, contrata uma tripulação e viaja rio acima em direção ao Peru, buscando o local ideal para realizar seu excêntrico sonho. Durante a viagem, entre outras dificuldades, depara com um grande perigo e um imenso obstáculo. O perigo era uma tribo de índios até então isolados e aparentemente hostis; o obstáculo era um trecho de terra acidentada entre o rio em que ele estava e o rio pelo qual desejava navegar.

Fitzcarraldo realiza, então, o impossível: consegue a ajuda dos índios para empurrar o barco de 160 toneladas morro acima, para chegar ao outro lado e continuar a viagem em direção ao seu destino. E faz isso ao som de óperas de Caruso tocadas em um velho gramofone, criando um ambiente surrealista, mas cheio de energia criativa.

A história de Fitzcarraldo é uma metáfora do empreendedorismo — a capacidade humana de produzir novos cenários — que desnuda o espírito do diretor alemão. O barco arrastado pela montanha com o uso de um rudimentar sistema de roldanas não é uma maquete, e sim um barco de verdade. Herzog fez, na vida real, o que Fitzcarraldo fez no filme. Sobre a fantástica paisagem amazônica, Herzog disse: "Eu não filmo a natureza, eu a dirijo". Prepotência ariana? Pode ser, mas é também um exemplo das maravilhosas possibilidades humanas.

Em meados da última década do século passado, um grupo de ex-alunos da Universidade de Harvard percebeu que, para grandes parcelas da humanidade, a vida tinha reservado apenas montanhas a transpor. Eles haviam visitado países que são comumente chamados de "mercados emergentes", na América Latina, na África e em parte da Europa, locais onde sobra trabalho mas faltam empregos. Tudo está para ser feito; porém, sem capacitação as pessoas não conseguem se organizar, trabalhar e mudar a realidade. Em 1997, esse grupo fundou o Instituto Endeavor, com a finalidade de apoiar as pessoas na criação de novos cenários de progresso e bem-estar. A partir de 2000, o instituto também funciona no Brasil (saiba mais em www.endeavor.org.br).

A palavra "endeavor" vem do francês clássico e quer dizer algo como "esforço consciente em direção a um objetivo". Opa, eis duas coisas que combinam como queijo e goiabada: um objetivo bem definido e o esforço estruturado para que ele seja atingido. Será que não é exatamente disso que as pessoas precisam para realizar seus sonhos? Não estaria nessa dinâmica o segredo para a criação de cenários mais justos e mais belos?

Duas coisas que combinam:
um objetivo bem definido
e o esforço estruturado.

Principal elemento cenográfico

[PESSOAS ESPECIAIS VII]

Na vida real, o bom sentido de criar um cenário é inovar em busca do não-realizado, sonhar o impossível e transformar o sonho em uma possibilidade. Significa namorar a perfeição, ainda que se arriscando ao ciúme da mediocridade circundante. O mundo evolui aos saltos, que são propostos, realizados e tornados comuns pelos cenógrafos da vida, esses irrecuperáveis sonhadores e irresponsáveis agitadores. Em todas as áreas encontramos cenógrafos — nas ciências, na economia, na política e, claro, nas artes.

Criar novos cenários significa, na prática, estar insatisfeito com a situação vigente e, então, esforçar-se para mudar, propondo um novo modelo que seja capaz de promover o que interessa a todos nós: a felicidade. É claro que um novo cenário não se cria do nada, instantaneamente. Depende de tempo, de organização e de esforço.

Assim como o cenário do teatro tem elementos (coxias, cortinas, refletores, adereços), os cenários da vida também têm. Eles costumam ser muitos, mas há os principais. Abaixo, cito alguns exemplos de pessoas que criaram novos cenários e, em cada caso, o principal elemento cenográfico (abreviado como PEC):

1. Em um dos países mais pobres do mundo, Bangladesh, o economista Mohammed Yunus criou um banco para financiar pequenas iniciati-

vas de produção. Mudou a vida de milhões de pessoas e praticamente viabilizou o país. PEC: confiança.

2. O executivo de uma fábrica de vidro, Jamie Houghton, percebeu que a matéria-prima utilizada para produzir 1 quilo de pratos rendia US$ 1,80. A mesma matéria-prima transformada em fibra óptica rendia US$ 1.100. Mudou totalmente a orientação da empresa. PEC: conhecimento.
3. Dadá trabalhava como empregada doméstica e cozinhava muito bem, mas era humilhada pela patroa e sofria com o marido. Livrou-se de ambos e abriu um pequeno restaurante. Hoje é proprietária das melhores casas de comida baiana de Salvador. PEC: atitude.
4. Zé Pescador mora na ilha de Itaparica, na Bahia. Ele sempre havia praticado a pesca predatória, matando peixes com dinamite, até que sua filha de 6 anos o convenceu de que, ao agredir a natureza, ele também a estava agredindo. Zé mudou os métodos e abriu uma ONG de educação e preservação ambiental. PEC: consciência.
5. Raul Randon era um mecânico que consertava freios de caminhões importados que desciam a serra gaúcha na década de 1950. Criou alternativas para trocar os sistemas de freio não adaptados àquelas condições. Hoje lidera 7 mil funcionários em seis empresas que atendem a todo o setor automotivo. PEC: trabalho.
6. Este que vos escreve começou como professor e montou seu próprio colégio. Depois, foi médico e implantou o primeiro laboratório brasileiro de fisiologia do exercício. Por fim, criou seu último cenário, tornando-se escritor e consultor de comportamento organizacional. Por enquanto. PEC: inconformismo.

Pois é, cada um cria o cenário que lhe convém. Cada pessoa tem seu PEC, desde que descubra os elementos cenográficos adequados e se ponha a trabalhar. "O homem é o homem e sua circunstância", disse o filósofo espanhol Ortega y Gasset. É verdade, pois nunca somos avaliados independentemente do cenário em que atuamos — ou que criamos. Vontade e arbítrio.

23

Dom, talento e vocação

Sempre que me perguntam sobre esse tema, penso em minha própria história de vida. Conhecer essa trinca — dom, talento e vocação — é tão importante para a realização, para o sucesso e para a felicidade, que eu fico até com vontade de teorizar poeticamente. Isso me faz lembrar da obra do cineasta polonês Krzysztof Kieslowski, com a qual podemos fazer uma analogia: o dom é branco, o talento é vermelho e a vocação é azul, e essa trilogia de cores forma o pequeno arco-íris de nosso destino. O dom é branco, espiritual, porque é um presente de Deus (ou, se soar melhor para você, da Natureza, que é onde sentimos a presença divina com mais intensidade). O talento é vermelho porque depende da força, do suor, do músculo, da determinação para ser desenvolvido e aprimorado. A vocação é azul porque representa um chamado, algo que vem do horizonte, da imensidão da linha onde o mar se transforma em céu — da vida, enfim.

O dom é inato: obra do acaso genético ou um presente de Deus, quem sabe a verdade? A questão é que algumas pessoas nascem com algo especial que lhes permite realizar bem uma atividade, com extrema facilidade. E não estou falando somente dos gênios. Sim, devemos lembrar que Mozart compunha uma sinfonia inteira em instantes, que Niemeyer desenha uma catedral em um guardanapo, e Ronaldinho Gaúcho faz misérias com a bola desde a infância (como podemos ver no YouTube, é só procurar). Mas há também a Ivonete, a piauiense que cozinha lá em casa; ela pega uma receita velha e dá seu toque pessoal. Tem o professor Haroldo, que conseguiu me ensinar matemática no ginásio... e tantos outros anônimos que têm um dom.

"Dom" vem do latim *donu*: presente, dádiva. Para os romanos da Antiguidade, dom é uma capacidade especial dada de presente pelos deuses. Mas por que apenas a alguns? Eis o mistério, mas os romanos deram uma pista: *donu* também significa mérito, virtude, merecimento. Logo, o presente divino é merecido. No entanto, a razão para que alguém mereça o dom divino permanece como o mistério que nos faz invejar a imagem de Deus tocando com o dedo a testa de um Mozart recém-nascido, dando-lhe o poder de continuar Sua obra de criação.

Talento é outra coisa — parecida na essência, mas diferente na origem. Ao contrário do dom, o talento pode ser desenvolvido pelo treino, pela prática, com persistência, disciplina e obstinação. OK, há um componente natural, incrustado no DNA de quem o possui, mas lembremonos de Einstein: "Talento é 1% inspiração e 99% transpiração". Há quem tenha dom mas não tenha talento. São os potenciais desperdiçados, gente que nos leva a dizer: "Deus dá asas a quem não quer voar". Não adianta ter inspiração sem a transpiração: é necessário ter disciplina para desenvolver seu potencial, às vezes com sofrimento, muito sofrimento.

A Daiane dos Santos foi descoberta em Porto Alegre dando saltos em um parque infantil. O que ela fazia chamou a atenção de um olheiro (e aqui entra o componente do acaso, a sorte), que identificou na gauchinha um imenso potencial para a ginástica olímpica. Daiane tinha o dom, mas faltava o treino para desenvolver o talento. Hoje a Daiane mora em Curitiba, porque nessa cidade está localizado o melhor centro de treinamento do país. Ela teve sorte? Sim. Principalmente aquela à qual se referiu Thomas Jefferson, quando disse: "Eu acredito demais na sorte. E tenho constatado que, quanto mais duro eu trabalho, mais sorte tenho".

Quanto à vocação, trata-se de um substantivo feminino de origem latina que significa "o ato de chamar". Quem segue a vocação obedece a um chamado. Ouve uma voz e responde com a atitude. E como perceber esse chamado? Para mim essa voz tem um timbre e uma intensidade: o timbre é o prazer e a intensidade é a facilidade. Ao fazer algo que me dá prazer com relativa facilidade, especialmente após algum treino, estou atendendo à minha vocação. E, então, as coisas começam a dar certo.

Honestidade profissional

[PESSOAS ESPECIAIS VIII]

Por que falar aqui sobre honestidade? Simples: porque só somos verdadeiramente honestos (conosco e com os outros) se fizermos aquilo para o que nascemos. O duro – pelo menos para nós, reles mortais – é descobrir o que é esse "aquilo". Mas há pistas. O psicólogo americano Mark Albion nos dá uma em seu livro *Making a life, making a living* (algo como *Construa sua vida, construa um estilo de viver*), ainda sem tradução para o português. A obra fundamenta-se em uma pesquisa conduzida pelo especialista, feita com 1.500 jovens recém-formados, no início da vida profissional.

Albion percebeu que 83% dos jovens buscavam principalmente realização financeira. Eles queriam *to make money*, como dizem os norte-americanos. Os outros 17% relataram estar mais interessados em atender à própria vocação, definida por eles como "algo que me dê prazer, satisfação; algo que eu goste de fazer". A pesquisa acompanhou esses jovens durante vinte anos e, após esse tempo, constatou que 102 deles haviam alcançado imenso sucesso em suas carreiras, inclusive no aspecto *money*. Destes, 101 pertenciam ao grupo dos 17% – são os que caçaram o sucesso, miraram no prazer e acertaram na vocação.

Meu amigo Sérgio Prata é um dos artistas mais completos que conheço: pinta, esculpe, faz vitrais, toca instrumentos, escreve, interpreta. Mora em Bragança Paulista, onde se isolou em uma chácara–ateliê, de onde sai para o mundo levando sua arte, que está em Paris, nos Estados Unidos, no Canadá... Quando ainda era menino, em férias no Guarujá, deparou com um campeonato de esculturas na areia, cujo prêmio era uma viagem a Paris, oferecido por uma companhia aérea. Não teve dúvida: inscreveu-se, esculpiu John Lennon, espantou e encantou a todos e faturou o prêmio. Fez com facilidade porque lhe dava prazer. Sérgio brincou na areia.

Foi como se o Beatle de silício personificasse a voz da vocação do Sérgio. Seu pai era um funcionário graduado do Banco do Brasil e imaginava uma carreira igual para o filho. Mas este embarcou para a França ainda imberbe, numa viagem a passeio que se transformou em um curso na École Nationale Supérieure de Beaux-Artes, e só voltou ao Brasil como um artista maduro e professor de técnicas. Hoje tem obras espalhadas em galerias e museus, além de imensos afrescos em igrejas. Quando vejo Sérgio pintando ou apenas desenhando, entendo o que é ter vocação e ter honestidade para com ela. E vejo isso principalmente quando percebo sua felicidade em fazer o que faz.

Afinal, ser talentoso é ser feliz, demonstrar leveza na lida diária, encarar os problemas como parte da atividade, criar um estilo pessoal ao executar um trabalho comum. É possível ser um tintureiro talentoso, um cabeleireiro genial. O talento não é demonstrado apenas pelas divas da música, por escritores premiados, pelos atores e atrizes que encantam nosso ideário humano. Há caixas de banco talentosos e outros que parecem aprisionados, condenados a fazer um trabalho de que não gostam. Há contadores talentosos e os que maldizem a sorte. Há vendedores que transpiram alegria — e por isso vendem mais — e aqueles que não encontraram outra coisa para fazer, realizando o trabalho sem prazer — e sem sucesso.

Quem persegue o prazer no trabalho alcança a realização. O mundo está cheio de pessoas que abriram mão de uma carreira supostamente "de sucesso" para realizar um sonho aparentemente maluco. Conheço um advogado que virou chefe de cozinha, uma bióloga que virou *designer*, uma psicóloga que virou roteirista, um engenheiro que abriu uma casa de sucos, um médico que virou pintor. E também conheço um piloto que estudou Medicina depois de "velho", um arquiteto que encontrou na advocacia seu grande "barato", uma analista de sistemas que "se encontrou" como leiloeira de arte. Gente louca? Pode ser, mas como diz nossa genial, talentosa e "vocacionada" musa Rita Lee (em parceria com Arnaldo Baptista): "Dizem que sou louca por pensar assim; mas louco é quem me diz que não é feliz!".

25

A lógica do futuro

O sucesso pode parecer um golpe de sorte, mas se olharmos mais de perto perceberemos que uma carreira brilhante, uma vida realizada, é o resultado de um trabalho duro que segue uma estratégia lógica. Vamos falar um pouco disso. Um dos grandes estudiosos da lógica foi o matemático inglês Charles Dodgson. Ele escreveu dez livros de álgebra e geometria, mas chamou mais atenção com seus ensaios sobre a influência da lógica no futuro das pessoas e — surpresa! — literatura infantil.

Publicou na revista *Mind* um ensaio sobre uma pegadinha da lógica que já havia sido utilizada pelo filósofo Zenão: o herói grego Aquiles e uma tartaruga decidem apostar uma corrida de 100 metros. Considerando que Aquiles é pelo menos dez vezes mais rápido que a tartaruga, ele concede a ela a vantagem de começar a corrida 80 metros na frente. Aquiles estava certo da vitória, mas eis que algo estranho acontece. No intervalo de tempo em que ele percorreu a distância que o separava originalmente da tartaruga, ela percorreu 8 metros, mantendo-se à frente dele. E no tempo em que ele percorreu os 8 metros ela andou mais 0,8 metro. Dessa forma, sempre que Aquiles vencia a distância que os separava, a tartaruga já estava em outro lugar, e ele nunca conseguia alcançá-la. Esta é uma pegadinha porque trata o espaço e o tempo como coisas dissociadas, sem considerar a convergência entre eles. Na prática, em certo momento o espaço da tartaruga será vencido pelo tempo de Aquiles, pois a velocidade de ambos é diferente.

Essa história nos remete ao que acontece com a vida das pessoas. Quando chegamos a um lugar desejado, parece que o objetivo já se deslocou mais para a frente; aí, nós precisamos continuar correndo, em uma aparente maratona sem fim. "Pegadinha" do destino? Não. É que às vezes nos esquecemos de celebrar as vitórias e vamos logo transformando o ponto de chegada de uma etapa no ponto de partida da próxima. Isso não está errado, faz parte da insatisfação natural que é a base do progresso e da evolução da humanidade. No entanto, tome cuidado para não transformar essa insatisfação em um estado de permanente ansiedade. Em vez disso, alegria! — celebremos cada etapa de um projeto, criando ânimo para o passo seguinte.

Quando chegamos a um **lugar desejado,** parece que o objetivo já se **deslocou mais** para a frente.

Lidar com esses "pontos futuros" é uma qualidade essencial para o sucesso. Quem não tem objetivos claros tateia na escuridão da incerteza. Charles Dodgson, para falar com as crianças sobre a lógica e a vida, escrevia livros sob o pseudônimo de Lewis Carroll. O mais conhecido foi *Alice no País das Maravilhas*. Nele há um diálogo em que Alice, perdida, pergunta ao gato de Cheshire qual caminho deve seguir. O gato questiona então aonde ela deseja ir, e Alice responde que não tem certeza. Então, o felino falante comenta: "Se você não sabe aonde quer ir, qualquer caminho serve". Após dizer isso, o gato desaparece, mas deixa visível seu sorriso sarcástico diante de uma Alice atônita. Essa metáfora nos mostra a atitude do mundo diante dos que não sabem onde desejam chegar — o mundo ri sarcasticamente. É um bom tema para reflexão: ou a lógica do futuro ou o sarcasmo do gato de Cheshire.

Um conselho de Napoleão

No inverno de 1796, o soldado francês Jean Michel ainda não tinha completado 20 anos. Em plena campanha de conquista da Áustria, ele viveu um momento que mudou seu modo de ver a vida. Atravessara a noite fazendo vigia em um dos flancos do acampamento e sentia que o cansaço das pernas só não era mais desesperador do que ter os pés quase congelados, e que o peso do fuzil parecia ter-se multiplicado durante a noite. Felizmente logo seria substituído, e foi exatamente nisso que Jean Michel pensou quando percebeu um movimento atrás de si. Virou-se esperando o soldado que o renderia, mas a pessoa que ele viu fez o frio de seus pés transferir-se instantaneamente para o coração.

Napoleão Bonaparte em pessoa caminhava sozinho na direção dele, com passos firmes. E o general fez-lhe perguntas que ele poderia esperar de um sargento, ou no máximo de um capitão, jamais do supremo comandante que estava mudando a fisionomia da Europa. Até então, ele não sabia que Napoleão se contentava com poucas horas de sono e, muito cedo, costumava caminhar pelo acampamento, às vezes surpreendendo seus oficiais. Foi no final da visita do chefe que Jean Michel — que agora tremia de emoção mais que de frio — teve um momento de coragem e atreveu-se a dirigir a palavra a seu comandante supremo:

— **Meu general, posso lhe fazer uma pergunta?** — Napoleão, surpreso mas demonstrando satisfação, assentiu com a cabeça. O jovem prosseguiu: — Desculpe minha insolência, mas tenho necessidade de saber uma coisa: que qualidade eu preciso desenvolver para me transformar em um grande general algum dia?

O comandante tardou um instante para assimilar a pergunta, depois sorriu levemente e disse:

— **Se você me pede** que eu indique apenas uma qualidade, aquela que poderá algum dia transformá-lo não só em um grande general, mas em um grande homem, então eu vou lhe dizer, meu jovem. Você precisa desenvolver aquela a partir da qual todas as outras virtudes virão: você precisa ser disciplinado. Só assim você se valerá do tempo, nosso bem mais precioso. Quanto a mim, pode ser que no futuro eu perca uma batalha, mas jamais perderei um minuto.

Napoleão acabou sendo derrotado pela ambição, mas seu legado de estrategista militar e de homem determinado ainda permanece no imaginário universal. A disciplina era uma de suas forças; ele era o primeiro a admitir isso e procurava incutir essa qualidade em todos os que ele liderava. Acreditava, portanto, que disciplina é algo que se desenvolve. Hoje, a psicologia dá razão ao corso: disciplina é uma qualidade de comportamento e, portanto, algo que pode ser modificado a partir da decisão e da persistência.

você precisa ser disciplinado

27

Disciplina é uma decisão

De acordo com o conceito clássico, disciplina é um regime de ordem. Em outras palavras, é um sistema em que tudo acontece como previamente determinado. Quando a disciplina está presente, aquilo que foi proposto será executado; não há dúvida quanto a isso.

As famosas resoluções de Ano-Novo, por exemplo, costumam frustrar seus idealizadores por dois motivos principais. O primeiro é que elas não são, de fato, colocadas na lista de prioridades. Ficam no campo das probabilidades e, para ser realizadas, dependem de que outras necessidades com maior premência não surjam ao longo do ano. Se emagrecer não for prioridade, trabalhar será; como não podemos não trabalhar, a resolução de emagrecer fica em segundo plano. Isso porque a pessoa não percebe que pode ter mais de uma prioridade, desde que saiba organizar seu tempo. E isso nos remete ao segundo grande motivo das frustrações.

O segundo motivo é a indisciplina. Ela é a mãe do fracasso. O medo é o pai. E o fracasso tem também uma madrinha: a ignorância, em seu sentido amplo; e um padrinho: o planejamento malfeito. Mas acredite: a indisciplina é a causa mais cruel, porque não perdoa nunca. Coragem, conhecimento e planejamento são importantíssimos para o sucesso de uma empreitada, mas tornam-se impotentes sem a disciplina.

Aristóteles, em seu livro *Ética a Nicômaco*, insistia na disciplina como uma qualidade da alma. Segundo o filósofo, ela é o poder que permite ao homem diferenciar-se dos animais, porque significa a vitória da razão. Ela é também a única possibilidade de uma pessoa realizar seus sonhos: sem disciplina e determinação, qualquer sonho não passará de um devaneio. Aristóteles dizia que “a virtude moral é resultado do hábito”.

Somos o que repetidamente fazemos, forjamos nosso caráter nas atividades diárias, e estas construirão nosso destino. Grande Ari!

Mas cuidado. Esse regime de ordem pode ser de dois tipos: imposto ou livremente consentido. Se for imposto, só irá funcionar mediante controle permanente, como acontece com o professor que impõe disciplina na sala de aula e é temido pelos alunos, ou com o pai que não admite desobediência dos filhos, muito menos discussão sobre suas ordens e determinações. Um pai como esse conquista o respeito pela força, mas corre o risco de perder o amor dos filhos. A disciplina imposta só funciona durante curtos espaços de tempo e é útil em situações de crise, perigo, dificuldade ou urgência. Não serve para tarefas de longo prazo, como os projetos pessoais de vida.

Já o regime de ordem que é livremente consentido tem outra força, outro poder. Sustenta-se no tempo e não depende de controle — requer no máximo um reforço. Resoluções pessoais só podem funcionar assim. O que você decide para sua vida não pode depender de outro, pois a decisão foi sua, não do outro. A participação de outros na execução de suas resoluções pode, sim, funcionar como parceria, e as parcerias são boas porque catalisam os processos. Encontrar um companheiro para praticar esporte ou solicitar à esposa que lhe pergunte, de tempos em tempos, como está indo aquele projeto são reforços estratégicos muito úteis. Mas o controle continua sendo seu, pois nada lhe foi imposto no sonho nem está sendo agora, na execução.

Você decide e deve fazê-lo por um livre consenso estabelecido entre seus sonhos e suas potencialidades. Tudo aconteceu dentro de sua cabeça, sem imposição, mando ou determinação de quem quer que seja. Quando toma uma decisão, você está exercendo seu livre-arbítrio. Quando realiza algo com disciplina, está fazendo valer a sua vontade. O disciplinado sem livre-arbítrio é um escravo competente. Um livre pensador indisciplinado é um boêmio inconseqüente.

28

A disciplina, seus aliados e seus inimigos

A disciplina — é necessário reconhecer — tem lá seus inimigos. Vejo dois: a indolência e a dúvida. Indolência é o diabinho que sussurra em nosso ouvido coisas como: "Deixe para depois..."; "Fique mais um pouquinho na cama, que mal há nisso?"; "Não se preocupe, se você ficar bem quietinho, a vontade de trabalhar passa!"; "Ninguém faz, por que logo *você* deveria fazer?"... O repertório de convencimento do capetinha da indolência é quase infinito. Cuidado com ele!

Quanto à dúvida, bem, essa tem causas mais profundas, que pertencem ao misterioso mundo do autoconhecimento. Cuidado, pois resoluções pessoais não podem dar espaço a dúvidas. Se você pretende plantar um jardim, não pode duvidar de seu apreço pelas flores. Se uma resolução for fraca, ela será dominada pela dúvida, que vem acompanhada por acomodação, desânimo e desesperança. Eta turminha da pesada! Mas não se esqueça de que esses três amiguinhos só entram na festa se forem convidados pela dúvida. Portanto, não crie na sua cabeça projetos nos quais você não acredita, com base em objetivos definidos por outros ou em sonhos mal sonhados. Todos eles abrem espaço para a dúvida, e esta arruma a cama na qual a indisciplina dormirá o sono letárgico de uma vida inútil.

A disciplina carrega consigo um arsenal de meios que poderiam ser entendidos como outras resoluções; mas não, elas são um só conjunto, uma só decisão – compartimentada, mas única. E a noção da disciplina é a mais abrangente, a ave sob cujas asas se acomodam os componentes da esperança com base, do sonho com certeza, do amor compartilhado.

Em latim, disciplina significa ensino. Por isso, usamos essa palavra também para designar áreas do conhecimento: Matemática, História e Biologia são exemplos de disciplinas escolares. Há, portanto, uma conexão entre a disciplina e o aprendizado. Aliás, a palavra "disciplina" tem a mesma origem da palavra "discípulo". O mestre disciplina um jovem para que ele aprenda, desenvolva-se, torne-se autônomo e seja produtivo. O jovem que o mestre disciplina é, portanto, seu discípulo.

A disciplina aumenta nossa capacidade de aprender e, a partir disso, realizar. Quem se autodisciplina torna-se, ao mesmo tempo, mestre e discípulo. As pessoas disciplinadas são mestres de si mesmas. Aprendem, produzem, criam, alcançam os resultados que sonham. E o mais importante: são mais livres. A disciplina não aprisiona, liberta você da pressão externa e do sofrimento causado por sonhos não realizados, por frustrações autoprovocadas e pela miséria da desesperança. Renato Russo nos disse, com razão, que "disciplina é liberdade". Pois é. Do filósofo grego ao poeta carioca, passando pelo imperador francês, encontramos a idéia de que uma mente livre é uma mente disciplinada. Ao que parece, é bom prestar atenção nisso. Afinal, quem se ama aprende!

Resoluções pessoais
não podem dar
espaço a dúvidas.

29

Uma reflexão sobre a preguiça

— Ai, que preguiça!

Caro leitor, você tem três alternativas para dizer de quem é a frase acima: (a) de Macunaíma, o herói sem caráter do Mário de Andrade, que se nega a levantar da rede; (b) do seu sobrinho adolescente, quando recebe uma ordem expressa para arrumar o quarto; (c) de qualquer ser humano diante de uma tarefa que não lhe dá prazer ou que ele considera inútil.

Se você respondeu (d) todas as anteriores, parabéns! Você acertou. A preguiça é companheira de todos nós, e não apenas dos adolescentes e dos macunaímas da vida. Ela é comum, constante e diária. Ela é uma espécie de defesa contra a realização de trabalhos ou atividades, e ocorre porque temos um comando central que insiste em economizar energia. Esse mecanismo é uma herança de nossos ancestrais — na época deles, era muito difícil abastecer a despensa.

Quanto menos energia gastarmos, menos necessidade teremos de ir à luta, caçar ou saquear. E, como essas coisas têm lá seus perigos, é prudente evitá-las. É melhor ficar descansando, economizando energia para as necessidades vitais. Daí surge a tal da preguiça, sussurrando em nosso ouvido para que fiquemos quietinhos, fazendo, de preferência, absolutamente nada.

Atualmente não precisamos mais mobilizar grandes esforços físicos para obter alimento. Basta ir à geladeira ou, no máximo, ao supermercado. Desenvolvemos uma organização social que tem como virtude e objetivo facilitar a vida do ser humano. Temos ao alcance de nossas mãos — e de nosso dinheiro — as benesses da ciência, a tecnologia, os serviços prestados por profissionais que ganham para isso, a organização e os métodos que reduzem esforços, e assim por diante. É assombrosamente mais simples viver hoje do que na época de nossos avós, por exemplo (o que, para a História, não significa nada — é apenas um instante transcorrido).

Imagine a trabalheira que se tinha para, por exemplo, simplesmente viver, quando o Brasil foi descoberto. Como não havia refrigeração, os alimentos não podiam ser armazenados a não ser com a adição de especiarias, e por um período muito mais curto do que é possível hoje. A tecnologia de comunicação era o mensageiro, a de transporte era o lombo do animal, a de aquecimento era a lenha. Isso sem tentar explicar o que era viver sem água encanada e sem esgoto.

Certa vez, em Portugal, visitei o castelo em que vivia Dom João VI antes de mudar-se com a corte para o Brasil, fugindo de Napoleão. Foi quando conheci o verdadeiro trono, que lhe fazia uma imensa falta no Rio de Janeiro de 1808. É uma cadeira ornada, com os braços almofadados, as armas imperiais ostentadas no espaldar e — imagine só — um buraco no assento. É isso mesmo que você está pensando: trata-se de um "trono sanitário", cujo recipiente inferior, após o uso real, devia ser esvaziado por um servo especializado. Sinceramente... ai, que preguiça!

A preguiça é uma espécie de defesa contra o **desperdício de energia.**

30

A preguiça seletiva

Mas, voltando à preguiça contemporânea, veja que história curiosa foi protagonizada pela Carol, filha adolescente de uma querida amiga carioca. Em uma manhã como qualquer outra, a mãe entrou no quarto da filha, abriu as cortinas e, com um beijo, a despertou. Ouviu então um resmungo choroso, seguido de uma explicação de por que não podia acordar ainda: estava se sentindo mal, com dor de cabeça e calafrios no corpo. Precisava continuar na cama, não tinha forças para se levantar.

— Então fique na cama, filhinha — disse a mãe, compreensiva e ligeiramente preocupada. — Afinal, hoje é domingo e você pode aproveitar para descansar.

A cena que se sucedeu é cômica e digna de um tratado de psicologia juvenil. A Carol levantou-se com um elástico salto, alegando:

— Domingo?! Por que você não disse logo? Marquei com minhas amigas na praia logo cedo!

Ora, ela não estava se sentindo mal? É claro que estava! Sentia uma imensa preguiça de levantar para enfrentar a rotina, ir ao colégio, realizar as tarefas, encarar as responsabilidades... mas não para ir à praia, ao encontro da diversão e do prazer.

Parece que a preguiça é, mesmo, seletiva. Isso acontece porque uma parte primitiva de nosso cérebro seleciona seus interesses pelo prazer ou pelo atendimento de uma necessidade imediata. Logo, temos preguiça de fazer algo que só irá dar prazer ou resultado depois de algum tempo. Todos nós pensamos e organizamos nossa vida obedecendo aos princípios neuropsicológicos, que demoram para amadurecer e se adequar a uma vida verdadeiramente produtiva. Pensamos assim: “Eu bem que gostaria de ter um corpo harmônico, saudável e belo, mas isso depende de ginástica na academia e leva um tempão — ai, que preguiça!", "Como seria bom fazer um mestrado, mas isso significa voltar a estudar, assistir às aulas, pesquisar, para obter um título daqui a, veja só, pelo menos dois anos — ai, que preguiça imensa!" e por aí vai.

Devemos considerar que na vida interagem fenômenos complementares: o sentimento, o pensamento e a atitude. Os três são inseparáveis, mas a ordem em que eles se apresentam pode variar. Há três possibilidades.

A primeira é assim: se o sentimento vem antes, é porque você fica esperando a vontade chegar. Aí, você pensa o que é que tem de fazer para atendê-la, e só então toma a atitude. Assim vivem as pessoas que não realizam muito na vida. Não fazem o que têm de fazer e, depois, dizem que não fizeram porque não estavam com vontade.

Uma ação precede outra ação, assim gera mais resultados

No segundo caso, você coloca o pensamento na frente. Se ele for consistente, tiver qualidade, será capaz de gerar sentimento. Esse sentimento chama-se motivação, que é o grande motor propulsor do trabalho e da realização. Por isso, devemos ter qualidade de pensamento. É isso mesmo: você pode controlar os pensamentos que irão gerar sentimentos e atitudes.

Por fim, no terceiro caso, você pensa no que é bom para você e faz. Não fica esperando a "vontadinha" chegar, porque talvez ela não chegue nunca, e a preguiça pode ganhar a batalha. A notícia boa é que a vontade sempre chega, em geral depois que começamos a fazer o que tem de ser feito. Você já reparou que você não tem vontade de ir à academia, mas depois que está lá você se sente bem? O que acontece é que a ação veio antes do sentimento, e esse acontecimento foi mediado pelo pensamento. Bingo!

31

Disciplina, outra vez

Preguiça, portanto, é normal. Só deixa de ser quando não é controlada e, então, dá de dez a zero nas decisões. Mas há uma alternativa, uma luz no fim desse preguiçoso túnel: a disciplina — um conceito fácil de entender e dificílimo de implementar. Ter disciplina pessoal significa decidir o que deve ser feito, e fazer. E isso não pode depender da vontade daquele momento. Tem de depender da decisão que foi tomada anteriormente, porque a vontade é emocional, enquanto a decisão é racional. E o comandante deve ser o racional, pois ele é quem tem o discernimento sobre o que é bom e o que não é bom. O emocional só sabe diferenciar o agradável do desagradável, e isso não serve como critério para grandes decisões.

Não esqueça que a indisciplina dispersa energia, e a disciplina condensa. Ser disciplinado significa obedecer às ordens que você dá a si mesmo. Só que, para isso, você tem de dar as ordens certas; caso contrário, o mundo começa a se meter na sua vida. Simples assim.

Muitas pessoas sentem-se condenadas a ser escravas de seus desejos de prazer e tornam-se presas fáceis da preguiça que as castiga e limita. Para elas, a vida é mesmo uma fonte inesgotável de obrigações tediosas às quais têm imensa dificuldade de dedicar energia e das quais não podem fugir, sob pena de ser alcançadas pelas garras do fracasso e da impotência. Credo, que modo pessimista de ver a vida, essa maravilhosa aventura que nos foi presenteada junto com o livre-arbítrio! Estamos condenados, sim, mas à liberdade, a não ser que — por opção — entreguemos o comando de nossa vida à vontade dos outros e ao destino. E, acredite, essa é a opção da preguiça.

Eu sei que não é fácil, mas o único antídoto que sabemos ser infalível, porque foi testado ao longo da História humana, é a disciplina. Sempre que a essência do homem foi colocada em teste, como na guerra, nos esportes e nas ciências, a disciplina mostrou o seu valor. Tivemos alguns mestres nessa área. Um deles foi Sêneca, senador romano de origem espanhola que viveu entre 4 a.C. e 65 d.C. Ele adaptou e aplicou à vida prática a filosofia estóica, criada no século 4 a.C. pelo grego Zenão, em que a disciplina é absolutamente fundamental. De acordo com ela, a principal causa do sofrimento humano é a fraqueza da vontade, e isso termina por levar o homem a condutas deploráveis, como a preguiça, a inveja e a cobiça. Sêneca repetia que a pessoa que domina a vontade comanda o próprio destino, enquanto aquele que não domina a vontade é apenas arrastado pelo destino, que foge do controle. Pois é, parece que a indisciplina e a preguiça podem ter um efeito fatal aos nossos sonhos!

Por essa via, o estoicismo acabou transformando-se na postura intelectual predominante no Império Romano. No estoicismo grego considerava-se a disciplina uma virtude, e no estoicismo romano ela passou a ser encarada como dever cívico. Os estóicos acreditavam que a virtude poderia levar o homem à criação de uma razão universal, da qual deriva o conceito do *jus naturale* (direito natural). Essa noção passou a fazer parte do direito romano, que é o pilar da maioria dos sistemas jurídicos modernos e a maior contribuição do pensamento romano à atualidade.

Entretanto, a disciplina não pode depender da exigência jurídica nem da imposição de outras pessoas. Ser disciplinado não significa ser chato, quadrado, metódico. Significa controlar os impulsos primitivos que buscam, acima de tudo, o prazer e a economia de energia — depois vem o resto. Mas acontece que o mundo de hoje quer esse resto que a preguiça teima em não conceder. Parodiando Macunaíma, o herói sem caráter, em sua carta às Icamiabas: “Pouca vontade e muita preguiça, os nossos males são”.

32

O que eu quero para mim

Quem tudo quer nada tem. Essa é, provavelmente, a expressão da cultura popular com o maior potencial de provocar polêmica. Ela pode ser interpretada de várias maneiras, agradando a uns e desagradando a outros, a depender dos referenciais de cada pessoa. A maneira mais confortável de abordar esse tema é explicar a diferença entre a ambição e a ganância. Prefiro resistir a essa tentação e discorrer sobre a natureza humana.

O desejo de possuir bens e usufruir dos benefícios do dinheiro no sentido de construir, para si e para os outros, uma vida mais plena e mais tranqüila, é racional, aceitável e até necessário, porque constitui um dos propulsores do progresso. Entretanto, se olharmos o outro lado da moeda, encontraremos um comportamento humano equivocado: a sensação de felicidade passou a ser confundida com o sentimento de possuir coisas. Ora, sabemos que ser feliz não depende de uma postura assim tão pragmática.

Uma pesquisa do psicólogo norte-americano Martin Seligman demonstra que a felicidade é o resultado de três fatores: engajamento, significado e prazer. O engajamento é a capacidade humana de envolver-se com algo, como o trabalho, um *hobby* ou uma causa de qualquer natureza. O significado tem a ver com a percepção da razão da existência — é o que muitos buscam nas religiões, embora haja outros caminhos, como a verdadeira amizade, a família e a ética social. Já o prazer tem várias faces:

a apreciação da arte, o humor, o sexo e, claro, o sentimento de possuir e consumir coisas.

Os humanos modernos, como seus ancestrais, também ambicionam a felicidade. Mas, ao contrário dos antepassados, desenvolveram uma capacidade crescente de comprar coisas, ao que chamamos poder de consumo. Dos três elementos, o prazer é o único que pode ser comprado; então, é o caminho mais fácil. Entretanto, ele sozinho não garante a sonhada felicidade, pois depende da interação com os outros dois fatores. A felicidade que o prazer produz é efêmera — apenas uma manifestação da alegria. Como não se pode "comprar" a felicidade, a pessoa acaba querendo cada vez mais (coisas) e tendo cada vez menos (felicidade). O vazio existencial é inevitável.

Há anos tenho conduzido uma pesquisa com os meus alunos, aos quais pergunto se têm trabalhado em seu planejamento estratégico pessoal. Em outras palavras, quais são seus planos para o futuro? A pergunta objetiva é: como você se vê daqui a vinte anos? Considerando que eles estão na faixa dos 30, essa pergunta os remete à maturidade. As respostas variam, é claro, mas a maioria envolve coisas como: "Daqui a vinte anos eu gostaria de ter uma empresa sólida, uma casa grande, condições de viajar bastante e tranqüilidade com relação à minha sobrevivência e de minha família".

Não há nada de errado com esse tipo de resposta, a não ser o fato de que envolve exclusivamente o desejo de *ter* coisas. Durante a aula, passamos a uma discussão sobre o assunto e, ao final, chegamos a um consenso: o *ter* é uma conseqüência de três fases anteriores: o *ser*, o *aprender* e o *fazer*.

O *ser* envolve a maneira como somos vistos por nós mesmos e pelos demais. O *aprender* está ligado ao desenvolvimento de competências. E o *fazer*, que depende dos dois anteriores, produz realizações que, finalmente, podem culminar no *ter*.

> Cuidado: a sensação de felicidade tem sido confundida com o sentimento de possuir coisas.

33

O Tao do ter

Ninguém discorda: possuir bens depende, em primeiro lugar, da capacidade de ganhar o dinheiro; o que torna claro que há fases anteriores ao *ter*. Então por que será que as pessoas cultivam esse hábito de imaginar o futuro com base na capacidade de possuir coisas? Por um motivo simples: é mais fácil. O mundo dos sentidos estabelece uma relação mais direta do homem com seu ambiente do que o mundo das idéias. É muito mais simples ver-se no futuro como proprietário de uma empresa sólida do que imaginar-se sendo uma pessoa capaz, dedicada, hábil e ética, condições necessárias para a construção da empresa.

Chegamos, então, a um consenso: temos o direito de querer ter coisas, mas se nos concentrarmos apenas nisso não construiremos as condições para chegar a tê-las.

temos o direito de querer ter coisas, mas se nos concentrarmos apenas nisso não construiremos as condições para chegar a tê-las.

A filosofia milenar da China refere-se ao Tao, que é comumente traduzido por *caminho*, embora seja mais que isso. É a representação de uma filosofia em que convivem valores que parecem opostos mas são complementares; formando uma dualidade, não um impasse. Assim são o dia e a noite, o Sol e a Lua, a vida e a morte, o homem e a mulher. Dentro dessa idéia, o *ter* também busca seu parceiro.

Há mais de duzentos anos, foi fundada a ciência da economia. Seu primeiro grande pensador foi o inglês Adam Smith, autor do livro *A riqueza das nações*. Nesse livro, ele desenvolveu uma teoria sobre o fato de que alguns países constroem uma economia rica e sólida enquanto outros não conseguem resolver seus problemas mais básicos de dignidade da população, como acesso à saúde e à educação. Sua principal reflexão sobre esse fato está ancorada na postura individual dos cidadãos: "a busca do sucesso individual gera benefícios para toda a sociedade", disse ele. Em outras palavras: ser ambicioso, querer ganhar dinheiro e possuir bens materiais não é um mal a ser evitado ou condenado. Pelo contrário, é exatamente essa a mola individual que impulsiona o desenvolvimento econômico do conjunto geral da população.

Um século depois de Adam Smith, o sociólogo alemão Max Weber enveredou pelo mesmo caminho e relacionou o desenvolvimento econômico com uma postura espiritual. Ele demonstrou que as nações mais ricas foram as que adotaram a religião protestante — que, ao contrário da católica, não considera a ambição material como uma espécie de pecado. No protestantismo, o lucro e a riqueza são considerados prêmios que as pessoas merecem pelo trabalho duro, pela disciplina e pela retidão de suas vidas. Portanto, querer ter não é ruim. É bom, desde que não dispense a consciência e a responsabilidade.

34

Aspiração e ambição

Interessante notar que a palavra alemã *Streben*, muito utilizada por Weber, é traduzida de duas maneiras para o português. Significa *ambição* quando estão em jogo interesses puramente materiais, e *aspiração* quando interessam os valores espirituais. Em alemão, para esses dois sentidos usa-se a mesma palavra, estabelecendo-se uma relação direta entre ambos. Olha aí o Tao!

Weber explica isso em seu livro *A ética protestante e o espírito do capitalismo*. Se você trabalhar e não prejudicar ninguém, será merecedor de recompensas materiais, que derivam de uma postura ética, boa e abençoada.

Então, por que criticamos os que demonstram uma vontade maior de possuir bens e conquistar prestígio a partir de uma confortável situação financeira? Por um motivo: pela agressão à dignidade humana que existe quando o *ter* não se faz acompanhar pelo *ser*. O que entra em jogo, nesse momento, é a questão de que há um número expressivo de pessoas que, no quesito "ter coisas", parecem não ter parâmetros construídos com base em valores humanos aceitáveis.

Acumular é um princípio da Natureza. Por exemplo: em nosso corpo guardamos combustível capaz de gerar a energia de que precisamos para viver. Estocamos açúcares em nossos músculos e em nosso fígado, e (infelizmente) gordura embaixo da pele. É uma lei biológica: guardar para depois. *Ter* combustível à disposição para gerar calor nos dias frios e força para caçar e fugir das feras.

OK. Então querer *ter* coisas — e, quanto mais, melhor — é uma herança dessa sabedoria celular de nosso corpo e, portanto, plenamente justificável, certo? Sim e não. Sim, porque ser zeloso para com aos próprios pertences é sinal de bom senso (lembre-se da fábula da formiga e da cigarra). Não, porque a Natureza nos deu uma coisa que foi negada aos outros animais: a consciência.

E é a consciência humana que alerta para o fato de que quem tudo quer nada tem. Afinal, quem se comporta assim dispensa outros valores, justamente os que garantem que tenhamos tudo de que precisamos, na dose certa.

por que **criticamos os** que demonstram uma **vontade maior** de possuir bens e construir **prestígio** a partir de uma confortável **situação financeira?**

35

A dualidade

[PESSOAS ESPECIAIS IX]

Feliz de quem consegue muitos mestres na vida, pois eles são verdadeiras dádivas divinas. Dentre os muitos mestres que tenho, um dos mais queridos chama-se Rubens Portugal, mora em Curitiba e é um educador da velha-guarda. Certa vez, conversando com ele a respeito do excesso de trabalho e do pouco tempo que eu estava dedicando à vida pessoal, especialmente à família, ele me disse, sorrindo, como costumava fazer:

— Em primeiro lugar, agradeça por ter trabalho e por ter uma família. Vivemos um tempo em que muitas pessoas não têm nenhum dos dois. Em segundo lugar, aprenda o significado da palavra "dualidade".

— Você tem razão, estou grato pela plenitude de minha vida – respondi, apressado. – Além disso, eu sei o que significa dualidade: é o caráter oposto que os fatos adquirem.

— Negativo! — disse ele, enfático. – Coisas opostas, antagônicas, inconciliáveis criam o impasse. A dualidade é feita de coisas complementares. A guerra e a paz formam um impasse; o dia e a noite formam uma dualidade. Chegamos a um impasse quando esgotamos a capacidade de argumentar, de usar a lógica e de construir o consenso. Vivemos uma dualidade quando percebemos que a vida é feita de fatos e elementos que se encaixam e se alternam no centro da cena.

é perfeitamente possíve

A essa altura eu já tinha endireitado a coluna, aberto bem os olhos e ligado todos os neurônios. Quando o mestre começa a falar, é prudente prestar atenção. As oportunidades de verdadeiro aprendizado são raras e caras.

— **Continue** — pedi.

— **Não há mistério.** Trata-se apenas de aguçar os sentidos e desenvolver uma disciplina capaz de lhe dar a liberdade de participar de todos os atos da peça da vida sem se cansar. Você sabe que eu fui militar, diretor de banco, produtor rural, e também me dediquei à educação, ao desenvolvimento de pessoas. Sempre trabalhei muito, chefiei uma missão na Palestina, criei uma universidade, mas, veja bem, nunca deixei de curtir a vida, amar mulheres, educar filhos, cultivar amizades. Acredite: é perfeitamente possível viver a dualidade da vida e atender com a mesma qualidade aos compromissos de trabalho e a vida pessoal, familiar, afetiva.

— **Sim, eu sei, mas está mais difícil,** pois o trabalho exige cada vez mais, e as opções para a vida pessoal são cada vez maiores também. Como conciliar?

— **Eu vou lhe dizer uma coisa** de que talvez você não goste — disse ele, aproximando-se mais e olhando-me com gravidade por trás dos pesados óculos. — Isto eu aprendi na vida militar, nos anos de Agulhas Negras: sem disciplina você não conseguirá sequer administrar bem suas obrigações profissionais, quanto mais sua vida plena. O segredo, meu caro, é a disciplina, a organização, o método. Ser organizado não lhe torna chato nem careta. A organização lhe dá asas, liberdade, paz interior. Estabeleça prioridades, mas viva plenamente a dualidade da vida.

viver a dualidade da vida

A evolução dos sensos

Uma das habilidades gerenciais mais valorizadas na década de 1980 era conhecida pelo sugestivo nome de *senso de urgência*. Significava que seu portador era capaz de tomar decisões sobre o que fazer antes de tudo, obedecendo ao princípio de atender primeiro à pendência que pudesse causar transtornos mais rapidamente.

Até aí, tudo bem, só que na década seguinte essa habilidade começou a ser questionada, não por estar errada, mas por ser incompleta. Além de reconhecer o que é mais urgente, os bons gestores também deveriam avaliar as tarefas em função da importância. Assim surgiu o *senso de prioridade*, que leva em conta a relação entre urgência e importância. Em outras palavras, diante de duas tarefas urgentes, deve-se atender primeiro à mais importante.

O aprofundamento desse conceito originou o *senso de previsão*, que orienta a pessoa a se dedicar principalmente às tarefas que são importantes, mas não são urgentes. Valendo-se dessa estratégia, a pessoa diminuiria o número de urgências — quando as coisas importantes ficassem urgentes, já estariam prontas. É evidente que, se mesmo assim algo urgente ocorresse, deveria aplicar-se o primeiro senso. E se dois ou mais episódios urgentes e inesperados aparecessem? Segundo senso neles!

Pois é, mas nos dias atuais, em que o papel dos líderes é considerado relevante como nunca antes, surge o *senso de valor*. Novidade no ar (condicionado) das corporações? Eu diria que, mais que uma novidade, essa é uma evolução em direção à essência do pensamento humano. Trata-se da relação entre o que é importante e o que é fundamental. Líderes usam o senso de prioridade e, dessa maneira, mantêm a empresa funcionando; mas preocupam-se também com o que é fundamental e, assim, garantem sua perenidade.

EUGENIO MUSSAK

Importante é conceber e aprimorar o planejamento estratégico. Importante é desenvolver produtos de qualidade, atrativos e acessíveis. Importante é ter um time bom, ambicioso e ativo; é desenvolver uma boa campanha publicitária. Importante é ter dinheiro em caixa; manter as finanças em dia; contar com bons fornecedores. É claro que tudo isso é importante, como também é importante cada um cuidar de sua carreira; investir nas próprias competências; continuar estudando; construir uma boa rede de relações. Tudo muito importante, mas...

O importante sustenta o **presente,** o fundamental garante o **futuro.**

Mas há coisas que são fundamentais, sem as quais as coisas importantes deixarão de ser. Para a empresa, fundamental é que sua marca tenha prestígio e ele esteja alicerçado na ética. Fundamental é o desenvolvimento contínuo das pessoas; é um bom clima organizacional; é garantir que as pessoas trabalhem também pelo prazer, e não só pelo salário — porque este é apenas importante. Fundamental é contar com fornecedores que agem como parceiros e com clientes que agem como propagandistas. Assim como, para cada um de nós, fundamental é cuidar da saúde; é ter amigos; é priorizar a família. É ter cultura geral; cultivar a sensibilidade para o belo; saber que existe vida fora do trabalho e não existe trabalho sem vida. Fundamental é o legado; é a paz; é o amor.

O importante sustenta o presente, o fundamental garante o futuro. Fundamentais são os valores mais caros, ligados à essência humana, à busca da excelência e ao compromisso com a verdade. Entender o que é fundamental é... fundamental, nem que para isso seja necessário empreender uma viagem ao nosso próprio interior.

37

Os ingredientes

[PESSOAS ESPECIAIS X]

Quarta-feira à noite. Estou em viagem, a trabalho. Chego ao hotel e, enquanto desfaço a mala, ligo a televisão para ter alguma companhia. Vejo na tela um rosto familiar, de um amigo, Marcos Nascimento. Ele é um conhecido executivo de Recursos Humanos: trabalhou para grandes empresas, morou no exterior, é fera no assunto. Mas, para minha surpresa, ele não está falando sobre gestão de pessoas ou liderança. Nem sequer está vestindo um elegante terno e uma gravata bem combinada. Marcos está usando um avental de cozinha e está atrás de um fogão, participando de um programa de culinária.

Num primeiro momento, achei que se tratava de um engano de meus olhos, ou de uma "pegadinha" da TV. Mas não. Ele preparava uma moqueca de peixe e mostrava ao apresentador do programa como colocar os ingredientes em camadas.

— **Primeiro o peixe, depois os camarões;** agora, rodelas de tomate, cebola e pimentão; depois camarões miúdos. A ordem é importante, os sabores se encaixam, os produtos se complementam.

Fiquei impressionado como meu amigo estava transformando o preparo de um prato da culinária brasileira em uma metáfora da vida.

Assistindo ao programa, fui percebendo que aquilo não era um teatro ensaiado, uma peça que obedecia a um *script* e a um diretor de cena. Ele estava tão à vontade quanto nas reuniões profissionais em que eu já o havia visto atuar. Então, concluí: meu amigo não estava dando aos telespectadores uma aula de culinária. Ele estava dando um exemplo de como é possível ter sucesso profissional e ser proprietário de uma vida pessoal bem cuidada, boa de viver. Enquanto cozinhava, entre dicas e macetes dignos de um *chef*, falava de valores, das experiências da vida, de seus sonhos e projetos. Em nenhum momento vangloriou-se de seus dotes — é um homem normal, comum; faz o que qualquer um de nós é capaz de fazer, desde que estejamos munidos de vontade, disciplina e atitude.

E é aí que mora o perigo. Corremos o risco de desperdiçar os melhores momentos se não tivermos esses três ingredientes, tão importantes para a vida quanto o dendê para a moqueca baiana. É necessário ter vontade de viver a vida em sua plenitude: produzir, deixar um legado para as próximas gerações, ganhar dinheiro, ter sucesso profissional... mas também vontade de viver um amor, ter muita saúde, conviver com os filhos, possuir conhecimentos que nos tornem pessoas interessantes. E essas conquistas correm o risco de ficar apenas na vontade se não forem acompanhadas de disciplina e atitude, ingredientes indispensáveis ao preparo de um bom prato de vida.

Sem vontade, disciplina e atitude, corremos o risco de

desperdiçar os melhores momentos

38

Improvisando

Há alguns anos, eu e minha filha Débora estávamos em Olinda, Pernambuco, descansando no Alto da Sé. Apreciávamos a famosa vista e uma refrescante água de coco quando fomos abordados simpaticamente por dois repentistas locais. O primeiro, dedilhando o violão de maneira displicente, atacou:

Com licença, meu bom paulista / Mas eu preciso lhe mostrar /
Que nós temos mais que a bela vista / Que vocês estão a apreciar /
O que encanta todo sulista / É nossa maneira de agradar!

Seu companheiro perguntou nossos nomes e o que éramos um do outro. Fez graça com nossa pele clara, nosso jeito magro, nossa rendição à beleza local, e emendou:

O Eugenio é um homem aberto / Que leva a Débora pra passear /
Mas como ele é muito esperto / E a filha tudo quer comprar /
Ele aponta pro mar tão perto / E diz: "Leve a vista pra lembrar".

Esses dois poetas, homens simples, poderiam ficar durante horas improvisando versos a partir de temas propostos ao acaso. A arte do repente é uma manifestação da cultura popular, comum nos estados do Nordeste, mas não só neles. Sua principal característica é o improviso de versos rimados que façam sentido. Como, em geral, é praticado em dupla, o repente também assume a característica de uma disputa, uma espécie de duelo entre os dois cantadores. Vence aquele que consegue encurralar o outro, que vai ficando sem argumentos ou sem rimas. Trata-se de uma arte engraçada e curiosa, que encanta quem a escuta pelo inusitado das frases e pela inteligência lingüística dos contendores, mais do que pela qualidade musical ou poética.

O repente usa o princípio da sextilha, estrofe composta por seis versos, em que a rima é obrigatória nas linhas pares, sendo facultativa nas linhas ímpares. À primeira vista, a sextilha pode parecer pobre, mas quando bem usada mostra um grande potencial poético. Camões, por exemplo, a usou para compor *Os lusíadas*. É, sem dúvida, um recurso ótimo para o improviso, que, por sua vez, é uma característica importante da arte.

A arte, sem o improviso, arrisca-se a ficar limitada à técnica. Ainda que ninguém faça arte sem dominar técnica, só ganha o título de artista quem consegue usar sua base técnica para criar, produzir... e improvisar.

Usando a arte como exemplo, as empresas, que nada mais são do que grupos humanos formados para atingir resultados, são cada vez menos comparadas a orquestras sinfônicas, em que tudo acontece em obediência à partitura e ao ensaio. Cada vez mais as empresas podem ser comparadas a bandas de *jazz*, capazes de improvisar o tempo todo, buscando melhores resultados.

Mas o improviso não é exclusividade da arte e pode ser percebido em outras — talvez em todas — atividades humanas. A ciência também contém uma dose de improviso, apesar de ter suas bases fincadas no método, que é a antítese do improviso. É que, às vezes, imprevistos acontecem...

A arte, sem o improviso, arrisca-se a ficar limitada à técnica.

39

Imprevistos acontecem

O **filme *Apolo 13*, estrelado por Tom Hanks,** mostra como o improviso foi fundamental na engenharia espacial para salvar vidas humanas. Baseado em fatos reais, conta o drama dos três astronautas que ficaram aprisionados na cápsula lunar após um defeito técnico que, não só abortou a chegada à Lua, mas também colocou em grande risco a vida dos tripulantes. O que fazer com o gás carbônico produzido pela respiração dos astronautas? Após determinado nível, ele transforma-se em substância tóxica, matando quem o inala. Era necessário construir um filtro.

Mas como fazer isso se eles não tinham a bordo os materiais e ferramentas necessários? Uma equipe da base de Houston entrou em ação, e, trabalhando com cópias exatas dos produtos existentes a bordo, conseguiu construir um protótipo de filtro eficaz. As informações foram passadas para a nave, e os astronautas conseguiram reproduzir o filtro com partes de outros equipamentos, pedaços de tecido e plástico... tudo unido por fitas adesivas. Com isso, salvaram as próprias vidas. Ponto para o improviso!

O filme é bem-feito, conta uma história verdadeira e é, se bem avaliado, uma metáfora da própria vida. Às vezes pensamos estar no comando, com tudo organizado, previsto, arrumado. Eis que somos assal-

“Houston, we have a problem”

tados por um fato imprevisto que muda tudo. O que fazer quando somos pegos de surpresa, quando algo totalmente fora do *script* sai da cartola da vida e diz "Surpresa!"? Convenhamos: nem tudo sai exatamente como planejamos o tempo todo, e, às vezes, temos de improvisar para não ficar com cara de bobo maldizendo a sorte.

Ao que parece, nós, brasileiros, estamos bem nessa foto. Diz a lenda que na arte do improviso somos insuperáveis. E não é difícil encontrar exemplos que confirmem essa tese. Eu mesmo tenho minhas histórias. Quando visitei, como estudante de Medicina, um pronto-socorro nos Estados Unidos, fiquei impressionado com a quantidade de recursos disponíveis aos médicos plantonistas. Ao comentar que no Brasil não tínhamos nem a metade dos equipamentos, produtos e técnicas que para eles eram rotineiros, tive de ouvir: "E como conseguem trabalhar?" "Improvisando", disse eu, a um gringo que fazia cara de golfinho. E era a mais pura verdade. Se não tínhamos fios de náilon, suturávamos com algodão. Se faltava mertiolato, desinfetávamos com álcool. No fim, dava tudo certo. Como diz o ditado popular, "É a necessidade que ensina o sapo a pular".

Há, no entanto, o outro lado da moeda: é claro que o improviso é útil, mas cuidado, pois ele pode também significar falta de planejamento. E, se for, é parente da incompetência. Lembro que meu pai, dado a repetir frases de efeito, costumava dizer: "Você não pode depender do improviso para viver, mas se não souber improvisar estará perdido". Naquela ocasião não entendi direito o que ele quis dizer, mas o tempo me mostrou o sentido das idéias de meu velho: se você não tiver planejamento e estrutura, dificilmente chegará a algum lugar; por outro lado, considerando que a vida é cheia de intercorrências e de surpresas, às vezes você precisará improvisar.

Pois é. Parece que estamos diante de mais um paradoxo: precisamos estar preparados para improvisar. Como assim? Se estivermos preparados o improviso não deixa de ser um improviso? Não! Pelo simples motivo de que o improviso não está relacionado à falta de preparo, mas ao aparecimento súbito de uma situação que não era esperada. Imprevistos acontecem, e os improvisos são a resposta.

Preparando o improviso

O professor Reinaldo Polito, mestre em Ciências da Comunicação e professor de oratória para executivos, artistas e políticos, ensina que a capacidade de improvisar é uma das qualidades dos bons oradores.

— Entretanto — diz o especialista, que é autor de 17 livros sobre o assunto, muitos publicados em vários idiomas —, improvisar não significa falar sobre o que não se conhece, mas organizar os pensamentos e transformá-los em palavras em situações não esperadas.

Bingo! Improvisar não é sair do nada para o tudo. Antes, significa buscar no baú mental de repertórios as peças que precisam ser encaixadas e ajustá-las o mais rápido possível — a situação é de emergência.

E, para isso, é necessário combinar calma e autoconfiança. Se você é chamado a falar de repente, não tem jeito: terá de improvisar. Polito recomenda que, nesses casos, você comece abordando um tema mais simples, de menor importância, que domine bem, para estabelecer um elo de confiança com a platéia e, claro, ganhar tempo para se acalmar. Quando a freqüência cardíaca diminui, os neurônios se comunicam melhor, as palavras se organizam e as frases fluem. Cuidado apenas para não sair do foco. Dê um giro, mas volte ao assunto, para não parecer um político tentando enrolar o eleitorado.

Há uma história sobre o primeiro encontro do compositor polonês Frédéric Chopin com outro gênio do Romantismo do século 19, o húngaro Franz Liszt. Consta que Chopin, ainda desconhecido, visitava um empresário que agenciava artistas em Paris, quando de repente ouve o som de uma de suas *Polonesas* vindo da sala ao lado. Assustado, corre até o local e vê ninguém menos do que o já famoso Liszt sentado ao piano. O húngaro tocava a partir de uma das partituras que Chopin havia esquecido sobre a mesa enquanto aguardava o início da reunião com o empresário.

Liszt, sem interromper, pergunta se a composição era daquele jovem desconhecido que o olhava assustado. Ao receber a confirmação, diz estar tão impressionado com a qualidade da obra que gostaria de apertar a mão do compositor, mas não podia fazer isso, pois não conseguia parar de tocar. Chopin, então, apresentou a solução: "Eu posso substituir sua mão direita com minha mão esquerda. Então, poderemos nos cumprimentar". Esse dueto de mãos esquerdas foi apenas o primeiro improviso daquela tarde parisiense. O que se seguiu foi um concerto a quatro mãos, com o improviso de variações sobre a obra de ambos.

Não tenho confirmação dessa história, mas não importa: ela é muito bela e nos ensina que o improviso não é um ato de irresponsáveis. Só improvisa quem conhece o assunto sobre o qual deve improvisar. *Chefs* de cozinha improvisam nas panelas, músicos improvisam com os instrumentos, professores improvisam na sala de aula, médicos improvisam no hospital de campanha, poetas improvisam ao ouvido de suas musas.

O que não dá para imaginar é que médicos possam improvisar na cozinha, cozinheiros no piano etc. A não ser que se faça isso por pura diversão, pois improviso não é aventura — exige preparo e responsabilidade. Improvisar sobre o que não se domina é como achar que pode pilotar um avião porque tem carteira de motorista. Afinal, é um veículo. Sim, sim: um veículo em direção ao desastre.

Improvisar não é sair do **nada** para o **tudo.**

Reflexões sobre

as viagens interiores, a auto-estima, os sentimentos humanos e sua capacidade de influenciar nossas atitudes, para o bem e para o mal.

Primeira Parte

Segunda Parte

Terceira Parte

Quarta Parte

41

Só cuidamos de quem gostamos

Lembro-me bem. Eu havia lido o romance *A cidadela*, de A. J. Cronin, e estava intensamente tocado pela importância da relação humana entre médico e paciente. No final, era o remédio que iria atuar sobre a doença, mas o desabafo do doente e o sentimento de esperança criado a partir da confiança inspirada pelo médico seriam fundamentais para que o tratamento fosse seguido à risca. Além disso, ninguém me convence de que a confiança e a esperança não potencializam o princípio ativo do medicamento. É quando o pensamento age sobre a molécula, mas essa é outra história.

Naquele dia eu já estava no final de mais uma jornada de queixas, diagnósticos, esperanças. Foi quando a secretária anunciou a última paciente. Ela entrou, sorriu timidamente em resposta às minhas palavras de boas-vindas e sentou-se, depositando na cadeira ao lado sua bolsa e seu casaco. É nesse momento que tem início a liturgia hipocrática, e o médico pergunta algo do tipo: "Então, o que posso fazer pela senhora?" ou "Agora me diga o que a traz aqui". Foi o que fiz, para então ouvir uma resposta desconcertante:

— **Estou aqui porque descobri** que estou "dormindo com o inimigo" e preciso de sua ajuda.

Como havia passado recentemente um filme com esse nome, em que uma bela mulher era tiranizada pelo marido, pensei, no primeiro momento, que ela estava com problemas em seu casamento. Nesse caso, ela deveria ser atendida por um terapeuta de casais, ou quem sabe por um advogado, e não por um médico fisiologista, que cuida do corpo, ainda que não desdenhe da influência da mente. Ao fazer um comentário nessa linha, a jovem mulher à minha frente argumentou:

— O senhor não entendeu, doutor, eu sou solteira. Quando digo que estou dormindo com o inimigo, é porque durmo sozinha, e meu inimigo sou eu mesma. À noite, penso em mim e sinto o quanto me detesto.

Ao perceber que estava diante de um caso de grave baixa auto-estima, voltei a insistir que ela precisava de apoio psicológico. Ela respondeu que sabia disso, que estava recebendo atenção de uma psicóloga, e tinha sido exatamente essa psicóloga que a havia encaminhado para mim, na esperança de que algum investimento em seu corpo pudesse ajudá-la a fazer as pazes consigo mesma.

— Sim — disse à minha paciente —, eu posso verificar se você tem alguma doença orgânica e, se necessário, tratá-la. Posso também ajudar você a emagrecer, melhorar sua postura, tornar-se mais esbelta. Para isso você vai ter de incorporar novos hábitos, como exercícios físicos e mudanças alimentares. Mas, lamento dizer, não será isso que irá aumentar sua auto-estima.

Ela me olhava como quem não entende e está incomodado com isso. Afinal, ficar mais bonita e mais disposta não irá influenciar na auto-estima? A lógica diz que sim, e eu concordo, mas... Sempre há um "mas", e, nesse caso, ele exige uma explicação sobre a cronologia. Quem vem antes? O bem-estar ou a auto-estima?

— Você só vai se comprometer de fato com o processo de cuidar-se caso seu amor-próprio seja o precursor — expliquei à jovem sentada do outro lado da mesa. Em outras palavras, cuidar do corpo requer auto-estima, pois só cuidamos de quem gostamos. Será que você gosta de si o suficiente para se cuidar com carinho e determinação?

Amor-próprio e felicidade

A jovem paciente, ao querer afinar a silhueta para sentir-se mais feliz, estava na verdade querendo garantir a aprovação dos outros. Eis um exemplo do engano, comum, que leva uma pessoa a depender da outra para gostar de si mesma. É claro que ajudei minha paciente, mas o tratamento não foi exatamente como ela esperava. Não houve pílulas milagrosas nem dietas redentoras. Houve, sim, muito papo de conscientização, muito exercício de auto-apreciação e uma conversa séria sobre seus planos.

Como manda o protocolo, essa abordagem contou com a cumplicidade de sua terapeuta, e só ocorreu depois que doenças e causas físicas para seu excesso de peso foram afastadas. E a mágica aconteceu, mas só teve início depois de ficar claro que projetos de vida não podem ser feitos com alguém de quem não gostamos. Ao perceber que ela seria sua própria companheira de viagem, concordou em transformar-se em uma companhia melhor, prazerosa, mais "leve", no sentido humano de ser.

Auto-estima — ou amor-próprio — é uma dessas coisas que todo o mundo sabe o que é, mas ninguém sabe explicar bem. Não faltam definições simplistas, como "auto-estima é a capacidade de sentir prazer em sua própria companhia", ou tão poéticas quanto vagas, como "auto-estima é o sistema imunológico da felicidade". Não há erros nessas definições, mas elas habitam o vestíbulo da compreensão. Deixam a desejar, especialmente aos mais ciosos de lógica e bom senso. Ainda bem que a psicologia vem, em nosso socorro, explicar que auto-estima é a percepção lúcida de três fatores: da capacidade de enfrentar os desafios da vida, da aceitação das outras pessoas e da certeza de ter o direito de ser feliz.

Dos três, o direito de ser feliz é o mais intenso, pois, de certa forma, abrange os outros dois. Afinal, somos felizes quando nos sentimos seguros ante as dificuldades naturais da vida e quando mantemos com as outras pessoas relações harmônicas e construtivas. De fato, a relação da auto-estima com a felicidade parece ser a mais consistente, porque gera uma espécie de sistema que se auto-alimenta. A auto-estima saudável garante o acesso à felicidade e a felicidade permite a instalação de uma boa auto-estima.

Entretanto, pelo menos em nossa cultura ibero-tupiniquim, tendemos à valorização excessiva da opinião do outro. Transferimos, com muita freqüência, o poder de construção de nossa auto-estima para as pessoas que nos rodeiam e para as personalidades que admiramos. Como foi dito, a relação saudável e prazerosa com os outros faz parte do tripé da auto-estima, mas não é, como às vezes parece ser, a única nem a principal responsável por sua construção. E, como a auto-estima e a felicidade costumam caminhar juntas, vivem se encontrando na literatura universal, como veremos no próximo capítulo.

A **auto-estima** saudável garante o acesso à felicidade

A sala dos espelhos

No livro *O vermelho e o negro*, de Stendhal, há um bom exemplo da dobradinha auto-estima/felicidade, trafegando pelas dualidades humanas. O escritor francês do século 19, na verdade Marie Henri Beyle, era capaz de desnudar o espírito humano com frieza e precisão. O próprio título do livro remete aos extremos — vermelho e negro estariam representando o bem e o mal, o amor e o ódio, o ser e o não ser... Seu personagem central, Julien Sorel, é filho de um carpinteiro rude, mas possui sensibilidade artística, um espírito refinado, e anseia conviver com a aristocracia. Toda a trama é baseada nessa ânsia, que envolve a necessidade de ser aceito, de ser o que não é e de negar suas origens.

A felicidade de Julien passava, necessariamente, pela aceitação dos outros, aqueles que admirava, e pertencentes a um mundo que o tolerava, mas não o reconhecia como igual. Belo e sensível, torna-se amante da senhora de Renal, esposa de seu patrão, e sente-se recompensado por ter sido aceito em um leito nobre. Mas, quando um dos filhos da senhora de Renal adoece, ela acredita se tratar de um castigo divino, e põe fim ao romance. Duro golpe na auto-estima de Julien — nem Deus o aceita como ele deseja ser. Em busca da realização, parte para outros lugares, torna-se seminarista, aprimora sua cultura, faz novos amigos e conhece Mathilde, filha de outro nobre. Ele a engravida, e o pai concorda com o casamento, desde que Julien mude de nome para parecer o que não é — um aristocrata.

O casamento, entretanto, é frustrado por interferência da antiga amante, que ainda o deseja. Ele tenta então matá-la, é preso e a tragédia se completa com sua condenação à morte. Porém, para surpresa de todos, e dele mesmo, Julien não só aceita como deseja a morte, porque percebeu que jamais conseguiria ser o que desejava, ou seja, não ser ele mesmo.

A infelicidade e a tragédia desse personagem da literatura representam o anseio daqueles que buscam o reconhecimento do outro como o único meio para construir sua própria aceitação.

Entretanto, muito cuidado nessa hora. Não se deve simplesmente negar o papel do outro na construção de nossa auto-imagem e conseqüente auto-estima. A psicóloga americana Dorothy Briggs reforça essa tese e propõe uma reflexão sobre o que chama "o fenômeno dos espelhos". Ela pergunta aos pais se eles já se perceberam como espelhos psicológicos que seus filhos usam para construir suas próprias identidades. Sim, os pais são os primeiros referenciais de que as crianças se valem para se sentir vivas, participantes ativos deste mundo que começam a habitar. As crianças, de certa forma, tornam-se reféns de seus pais para se perceber como pessoas, incluindo aí toda a variedade de adjetivos que lhes cabem. Elas se sentirão bonitas, fortes, amáveis, amadas, corajosas, a partir da imagem que o espelho lhes devolver. A construção de uma identidade positiva depende, sem dúvida, de experiências positivas na vida, e essas experiências são compartilhadas.

O fenômeno dos espelhos se amplia na medida em que cresce o mundo ao nosso redor, multiplicando as relações e aumentando os *feedbacks*. O problema é que o mundo às vezes se parece com aquelas salas de espelhos dos parques de diversões, em que cada reflexo alterava a imagem de quem se apreciava neles de um jeito diferente. Você se via imensamente gordo em um espelho, para ver-se magricela e comprido no próximo. Você passava da forma de um pião para a de um cone dando três passos. Essa situação é cômica porque conseguimos rir de nós mesmos, ou melhor, da imagem distorcida que os espelhos nos devolvem. Rimos porque sabemos que nada daquilo é verdade, que nenhuma imagem corresponde à realidade. Conhecemos nossa verdadeira imagem, e ela não estava em nenhuma daquelas mentirosas superfícies polidas.

A viagem para dentro

Certa vez almocei, em Recife, com um juiz famoso por ser muito ponderado e justo. “Ele é quase um sábio”, diziam as pessoas. Durante o agradável almoço, ele me contou que se preparava para, pela segunda vez, percorrer o caminho de Santiago de Compostela. Quando indaguei sobre o que o motivava a refazer tal aventura, ele me disse, calmamente: “É que ainda deixei alguns assuntos pendentes comigo mesmo”.

A resposta do juiz teve sobre mim um efeito revelador, impactante, mas violento, quase um soco no estômago. Naquele momento, pensei sobre quantos assuntos eu, provavelmente, tinha pendentes em minha vida. Então, na viagem de volta, usei as horas de vôo para fazer uma lista de tais pendências, com o cuidado de relacionar as pessoas a quem se referiam. Isso foi fundamental, pois tomei outro susto: o sujeito de minhas pendências, que não eram poucas, era eu mesmo.

Era a mim que eu devia a maioria das explicações, respostas e justificativas. Era eu mesmo que estava do outro lado da linha do telefone imaginário, enquanto o outro eu dizia, como um atendente de telemarketing emocional: “Vou estar transferindo sua pergunta para o universo. Por favor, aguarde e não perca a esperança. Sua ligação é muito importante para nós”.

Olhei pela janela do avião e comecei a refletir que, se a conversa com meu amigo não me convenceu a passar um mês caminhando pelo interior da Espanha, com certeza criou em mim um forte desejo de viajar por meu próprio interior. Quis percorrer o caminho de meus valores, subir as colinas de meus sonhos, visitar os vales de meus medos. Percebi que era essa a viagem que eu precisava fazer, para a qual não existem roteiros pré-formatados nem guias turísticos disponíveis. Naquele momento, eu estava viajando a cerca de 900 quilômetros por hora, e não pude evitar a lembrança de uma frase de R. W. Emerson: "O que está atrás de nós e o que está à nossa frente são coisa pouca, comparado com o que está dentro de nós".

Quando examinei ainda mais de perto a proposta dessa viagem interior, entendi que ela era importante por dois motivos. Primeiro, porque enquanto eu não encontrasse a paz interior carregaria os conflitos aonde quer que fosse, o tempo todo. Segundo, porque a qualidade das relações com as outras pessoas depende da qualidade da relação que estabeleço comigo mesmo. Bingo! Preciso ficar um pouco comigo mesmo, travando duros, mas necessários, diálogos interiores. Pousei em São Paulo carregando na bagagem o firme propósito de me dedicar mais a mim mesmo.

Pois é, mas como? Essa é a pergunta que vale um milhão. Como criar uma relação interna se as externas exigem tanto? Como conversar comigo mesmo sem ser atrapalhado pelos ruídos exteriores, cada vez mais fortes? Como dizer ao resto do mundo: "Agora não posso, estou ocupado comigo mesmo!"?

Deduzi que precisava ter disciplina para estar mais tempo comigo mesmo. Para isso, foi necessário criar oportunidades para estar só, sem precisar viajar para o Tibete nem percorrer o caminho de Santiago. É uma questão de pragmatismo. Estar só, não por imposição, mas por opção, é a única ocasião em que a solidão não se transforma em um sofrimento, nem faz surgir aquele sentimento maldito de abandono e de desespero. Lembrei, então, do que a psicóloga me disse na época em que fiz terapia: "Você está aqui comigo para se encontrar com você mesmo. Eu sou apenas o caminho, o meio, mas não terei nenhum valor se você não chegar ao fim da jornada, ao seu interior, sozinho". E não é que ela tinha razão, a danada? Eu ia ao seu consultório para ficar sozinho, para me encontrar comigo mesmo, não para visitá-la. Pois é, às vezes nós precisamos do outro até para ficar sozinhos.

45

Só, mas não solitário

A idéia de encontrar tempo para estar consigo mesmo não elimina a presença de outras pessoas. Não transforma ninguém em um eremita, até porque, como vimos, o outro ajuda a nos encontrarmos. Essa aparente incongruência é uma herança da História humana, em que a sobrevivência de cada um dependia do grupo. Ainda depende, mas o coletivo às vezes faz o contrário, e acaba matando o individual. É quando você perde o valor de sua própria essência e passa a ser apenas parte de um todo. Nesse caso, seus valores são os mesmos do grupo, seus sonhos são vividos em conjunto, seus medos são compartilhados porque são comuns. Você é levado pela onda e deixa de ser você mesmo, uma vez que não se dá ao direito de ficar só; aliás, nem acha isso importante. Cuidado! Você pode estar com a síndrome do coletivismo, que faz a pessoa sentir-se segura apenas quando está acompanhada. Equivale a ter medo de si mesma.

Por isso, até em respeito ao outro, é preciso criar os momentos para estar apenas consigo mesmo, sem depender de outras pessoas — ou apesar delas. Há meios clássicos, como retiros, mosteiros e templos das várias religiões, mas eles são apenas isso – meios. De nada adiantarão se você não criar a consciência do estar só, que é diferente de ser solitário. Aliás, entender essa diferença é o primeiro passo.

Em inglês, há um recurso lingüístico para entender essa sutileza. Recorrendo à língua de Shakespeare, encontramos duas palavras distintas: *loneliness* e *aloneness*. Parecem sinônimos, mas não são. *Loneliness* quer dizer solidão, a condição de estar isolado, desacompanhado, solitário, abandonado. É triste estar em *loneliness*! Já *aloneness* tem um sentido positivo — significa que você está isolado, sim, mas porque você decidiu.

Significa estar em companhia de você mesmo com algum objetivo nobre, como refletir, meditar, acalmar-se.

O interessante é que a primeira situação pode ser obtida independentemente de se estar, ou não, afastado de pessoas. O habitante de uma grande cidade, cercado por milhares ou até milhões de pessoas, pode estar no mais profundo estado de *loneliness*. É possível ser um solitário até convivendo e dormindo com outra pessoa, o que é o pior dos castigos. Por outro lado, buscar a solidão voluntária, estar em *aloneness*, pressupõe dar um tempo nas relações. Isso pode acontecer até dentro de casa, quando você pede para permanecer quieto, em seu canto — e é entendido.

A grande vantagem de estar só é a ausência de interferências. Quando estamos acompanhados, ainda que por uma só pessoa, nosso pensamento recebe a influência do pensamento do outro. E isso é bom, pois as interações ampliam os conceitos, aumentam a compreensão, enriquecem a cultura, esclarecem as dúvidas. Até aí, tudo bem, mas que é necessário interromper a ligação um pouco, para decantar as idéias, ninguém questiona. O poeta indiano Rabindranat Tagore, ganhador do prêmio Nobel, disse, a respeito de estar só: "Nunca ninguém se perdeu; tudo é verdade e caminho". Para o poeta pensador, estar só é parte da estratégia da vida para nossa evolução.

Pensando bem, foi quando estava só que tive os grandes momentos de inspiração, tomei as principais decisões de minha vida, cheguei mais fundo na análise de minhas angústias, experimentei o prazer de minhas certezas. É quando estou só que a leitura faz mais efeito e a escrita flui com naturalidade. Sozinho, percebo que a música está tentando me fazer companhia. Foi na imensa solidão de meu pequeno quarto de adolescente que eu decidi me dedicar a algo que envolvesse a alma humana.

loneliness

X

aloneness

Vermelho de raiva

Sentir raiva não é sentir algo que o meio nos oferece. Sentir raiva é processar o estímulo ambiental. A raiva está dentro, não fora. Não é como sal, que já está na comida e eu percebo com a língua. É a reação, não o estímulo. A raiva é, portanto, um sentimento derivado da interpretação que fazemos de um acontecimento externo. E a interpretação será condicionada pelo estado psicológico naquele instante, ou naquela fase da vida. A mesma causa pode gerar raiva em um momento, compreensão em outro e, ainda, compaixão em um terceiro. Sentimentos são interpretações das causas, não as causas em si.

Não há nada de errado em sentir raiva em determinadas situações; errado seria não sentir nada. A raiva nem sequer é o oposto do amor; o oposto do amor é a indiferença. Diante da injustiça, do desrespeito, da maldade, do descaso, o que se espera é a raiva. Se alguém lhe ofender de propósito, você sentirá raiva, ou não será uma pessoa normal. Seu grau de evolução espiritual não será, absolutamente, medido pelo sentimento da raiva, e sim pelo que você fizer com ele. Ao responder à causa da raiva com uma causa igual, ou maior, você estará fazendo exatamente o que o outro espera de você — entrando no jogo. Se, ao ser ofendido, você sentir raiva, processar o sentimento, racionalizar os componentes da situação e escolher a melhor resposta para aquele momento, então você estará no controle.

No filme *Gladiador*, o general Maximus, personagem central do filme, foi traído por Cômodus, que também matou o pai, o imperador Marcus Aurelius, e transformou-se no novo soberano de Roma. Maximus, agora escravo gladiador, o odiava, e com razão. A primeira oportunidade em que estiveram juntos novamente foi em plena arena do Coliseu.

Cômodus provocou o gladiador, contando detalhes do assassinato de sua mulher e de seu filho. Esperava, com isso, provocar uma reação furiosa do outro, o que levaria a guarda pretoriana a matá-lo, livrando-se assim do incômodo herói popular que surgia.

Maximus, é claro, foi invadido por uma forte onda de indignação e raiva. Mas não fez nada. Curvou-se diante do imperador, para delírio da platéia sedenta de sangue e adoradora de homens fortes e violentos. A hora da vingança não era essa, definitivamente — ela veio depois, no momento certo. Esse fantástico exemplo de inteligência emocional pode nos ajudar a entender que a raiva é um sentimento normal e até desejado, desde que não seja desproporcional à causa nem fuja do controle do racional, pois então poderá provocar desastres irreparáveis.

Sentimentos
são interpretações
das causas,
não as causas em si.

47

A anatomia da ira

É bastante conhecido o instinto que o ser humano tem de preservar sua vida – o instinto de sobrevivência. O que muita gente não sabe é que a sobrevivência em questão nem sempre é física, pode também ser emocional. Na sociedade moderna, organizada, com estruturas de proteção, é mais difícil que alguém sinta sua vida física em perigo, mas é cada vez mais comum que perceba o risco de agressão às suas emoções, sentimentos e valores — a vida emocional.

Após uma série de experiências sobre esse assunto, o psicólogo americano Dolf Zillmann descobriu que a sensação de perigo é o gatilho que aciona a raiva. É o que dá forças ao bicho para lutar contra o que o ameaça, ainda que ele seja maior. Minha cachorrinha maltesa, por exemplo, com seus 3 kg e sua carinha de anjo, é capaz de atacar raivosamente um cão labrador, vinte vezes maior, por puro ciúme. Não admite que outro bicho se aproxime e dispute minha atenção ou carinho. Ela fica com raiva. E o curioso é que consegue pôr o grandão para correr. Pode?

Nosso aparelho psíquico primitivo não estabelece, *a priori*, diferenças entre perigos físicos e emocionais. É melhor reagir e pensar depois – esse é o condicionamento da dura época da noite dos tempos da História humana. Como nosso processo de adaptação é lento, ainda ficamos raivosos com facilidade, mesmo vivendo em uma sociedade relativamente segura. A raiva me protege, e pronto.

A raiva é uma manifestação de energia produzida diante da adversidade, ou da contrariedade, que deverá ser transformada em ação vigorosa imediatamente após a avaliação emocional que o cérebro fará. É aí que entram em ação os outros sentimentos e, claro, a força da razão.

Usar a raiva para responder com indignação a uma injustiça ajuda a colocar ordem no caos provocado pela prepotência de alguém. A submissão perpetua as ditaduras, sejam políticas, organizacionais ou familiares.

Já usar a raiva para responder ao motorista que cometeu alguma barbeiragem no trânsito com uma fechada de automóvel é um imenso sinal de burrice emocional. A conseqüência é imprevisível. Pode ser um tiro. Aristóteles, em carta para seu filho Nicômaco, escreveu: "Qualquer um pode zangar-se — isso é fácil. Mas zangar-se com a pessoa certa, na medida certa, na hora certa, pelo motivo certo e da maneira certa — isso é difícil!".

A **raiva** é uma forma de **energia**, e pode ser bem **canalizada.**

48

Cobras de duas pernas

Daniel Goleman, autor do *best-seller Inteligência emocional*, explica que temos, na parte mais primitiva de nosso cérebro, um órgão chamado amígdala. Sua função seria a de desencadear respostas aos estímulos ambientais originados de causas ameaçadoras. É a amígdala a primeira a perceber uma cobra, por exemplo. E, antes mesmo de informar o córtex, a parte racional do sistema nervoso, a amígdala já disparou um estímulo aos músculos das pernas, que reagem afastando-nos do ofídio mortal. Só que a amígdala é burra. Não sabe, por exemplo, diferenciar uma cobra de um pedaço de corda jogado no chão. Sua função é reagir, não interpretar. Quem interpreta é a razão, que é mais lenta.

As cobras do dia-a-dia não são os ofídios, são os humanos. E às vezes temos dificuldade para fazer as devidas interpretações, separando os peçonhentos dos inofensivos. Sentimos raiva, a princípio, de tudo o que não coincide integralmente com nossos valores e nossas expectativas. Só depois paramos para examinar de perto e entender as razões do outro. A inteligência emocional se manifesta nesse intervalo de tempo. E é o tempo necessário para produzir um desastre ou construir uma relação de colaboração mútua.

Diante da ignomínia, sinta raiva, ou você será um banana. Mas jamais responda com uma reação igual e equivalente, em sentido contrário. Use a raiva como uma energia positiva capaz de construir, jamais destruir. Quem provoca raiva não é o principal prejudicado por ela, e sim quem a sente. Nesse sentido, deixar-se dominar pela raiva é um ato de desinteligência. A inteligência tem cadeira cativa na sala de operações que responde à ignorância com sabedoria, ao mau humor com sorriso, à agressão com compreensão e à ingratidão com oportunidade. E não há, nessa postura filosófica, ausência de raiva. Há, sim, a presença do amor, o sentimento que sempre constrói, mesmo em má companhia.

Use a raiva como uma energia positiva capaz de construir, jamais destruir.

49

As emoções são líquidas

Pode parecer engraçado, mas, assim como os líquidos, as emoções assumem a forma do vaso que as contém; no caso, nós. Ninguém, ninguém mesmo, tem o poder de irritar você. Entretanto, você se irrita. Repito: você se irrita por causa de outra pessoa. E isso acontece por dois motivos: porque a pessoa tem, de fato, elementos com potencial irritante; e porque você se permitiu ser afetado por eles. Se houver apenas um desses dois motivos, não haverá irritação. É como a urtiga. Para irritar sua pele, é preciso tocar nela. Se você se mantiver afastado, não há perigo.

Podemos fazer exatamente o mesmo com as pessoas urticantes. Manter distância. Se não física, pelo menos emocional. Goleman conta que, quando esteve no Japão, presenciou uma cena dentro de um ônibus urbano. Um operário japonês embriagado falava alto e provocava todos os passageiros, ameaçadoramente. A indignação foi geral, e as pessoas sentiam-se profundamente irritadas com aquele mal-educado, mas também tinham medo, porque ele era um gigante, um lutador de sumô.

Foi quando um senhor de idade franzino, vestindo quimono, perguntou o que ele tinha bebido. "Saquê, mas isso não é da sua conta, velho", respondeu o incômodo passageiro. "Ah, saquê... eu também gosto muito", disse o velho, que prosseguiu contando, com detalhes, que todas as noites de verão costumava tomar saquê com sua esposa no jardim, embaixo de um pessegueiro. Essa história foi acalmando o bêbado, que de repente começou a chorar. Ele contou ao velho que sua esposa havia falecido, que ele perdera o emprego e sua vida não valia mais nada. Quem não teria vontade de encher a cara diante de tal realidade?

Ao descer do ônibus, Goleman ainda pôde ver o gigante embriagado deitar a cabeça no colo do velho que o ouvia. A esta cena, o psicólogo deu o nome de "brilhantismo emocional". Certamente, como todos os passageiros, o velho japonês de quimono também sentiu raiva do bêbado. O que o diferenciou foi o que ele fez com sua raiva. Em vez de agredir, tentou compreender. É possível. Acredite!

O que o diferenciou foi o que ele fez com sua raiva.

50

A mãe de todas as virtudes

Este texto não é sobre a paciência, tida como a mãe de todas as virtudes, apesar de ela ser aqui mencionada e até louvada. É sobre o hábito que algumas pessoas têm de testar a paciência dos outros. Também não é sobre profissionais que respeitam ou não respeitam o tempo de seus clientes. É sobre a lógica, que é a "soberana entre todas as qualidades". É também sobre a mudança de que algumas pessoas necessitam para parar de testar a paciência dos outros.

Entretanto, é preciso deixar claro que eu reconheço a importância e o valor da paciência, que já foi abordada no Capítulo 16. Pessoas impacientes são as que desprezam o curso natural das coisas e esquecem que há um ritmo próprio regendo tudo o que se move no mundo – e tudo se move. Não podemos desejar que a Terra gire em seu eixo em menos de vinte e quatro horas, nem que uma parreira dê uvas antes da terceira poda, muito menos que um neném nasça em quatro meses e fale em vinte semanas.

As pessoas dotadas da paciência sábia costumam ser menos ansiosas e têm muito mais chances de alcançar o que desejam. Há belas histórias que ilustram esse fato, como a daqueles vizinhos que plantavam, cada um, seu pomar. Um deles cuidava muito de suas mudas, enquanto o outro nem mesmo regava as suas. O primeiro, indignado, chamou sua atenção:

— **Não quero me meter,** vizinho, mas sem água suas árvores não crescerão, e poderão morrer.

O homem, então, explicou sua teoria:

— **O que estou fazendo é provocar** o aprofundamento das raízes. Se eu regar muito, as raízes ficarão superficiais, pois haverá água em abundância. Como não há, as raízes buscam beber da própria terra, e assim ficarão mais longas, profundas e firmes, o que é ótimo para a árvore.

— **Pode ser — retrucou o primeiro —**, mas dessa forma levará muito tempo para que as árvores cresçam e formem seu pomar.

— **Eu sei — respondeu o vizinho —**, eu tenho paciência.

Anos depois, os dois pomares estavam formados, só que o que levou mais tempo para ficar pronto dava mais frutas, pois as árvores sorviam mais nutrientes através de suas longas raízes. Além disso, quando um vendaval passou pela região, o único pomar que não teve nenhuma árvore arrancada do solo foi o do homem paciente. Santa virtude, a paciência!

Tudo bem, não dá para discordar do valor e da importância da paciência. Há belas metáforas — como esta dos pomares — e até perfeitas construções filosóficas defendendo sua aplicação. Entretanto, vale lembrar que essa maravilhosa virtude perde força quando se confronta com seus inimigos naturais — o desrespeito, a preguiça e a procrastinação. Neste caso, a prudência deve entrar em campo e pedir reforços para a indignação.

As pessoas dotadas da **paciência** sábia têm muito mais chances de alcançar o que desejam.

51

O limite da paciência

Sem dúvida, a metáfora dos pomares é muito bela, mas a história a seguir, verídica, também merece ser considerada.

Após uma hora e meia sentado na sala de espera do consultório de um médico com quem tinha uma consulta marcada, deixei de lado a revista velha que folheava pela quarta vez. Levantei-me e, antes de sair, falei para a secretária: "Vou embora, diga ao médico que a paciência do paciente acabou".

É possível que ele estivesse atrasado por conta de alguma situação própria da profissão, como uma emergência ou uma dificuldade diagnóstica, mas este, certamente, não era o caso. Era óbvia, pela confusão reinante no consultório, a despreocupação administrativa, denunciada pela expressão de pouco caso da recepcionista que parecia estar acostumada com aquele ambiente, ao qual as pessoas se submetem por falta de alternativa. Minha opção foi procurar outro médico, com o qual aconteceu o lógico e o normal: fui atendido na hora em que minha consulta estava marcada!

Convenhamos, é muito difícil manter-se paciente diante do "corpo mole" do funcionário público que atende de má vontade, esquecendo totalmente que você é a razão de seu emprego. Ou de crianças que correm entre as mesas do restaurante sem que seus pais lhes imponham limites, tirando a paz dos demais clientes. Ou ainda do sujeito que está na sua frente na fila de *check-in* do aeroporto, atende ao celular e começa a falar como se o outro fosse escutá-lo sem o auxílio do aparelho. Tolerar essas situações não é uma demonstração de paciência, mas de submissão.

Sem falar nos fatos verdadeiramente exasperadores, como a insistência dos serviços de telemarketing, a profusão de *spams*, o trânsito cada vez mais confuso, a péssima pavimentação das ruas, as novelas sem fim, a qualidade de certos serviços e, claro, os políticos corruptos, com seus mensalões, cartões sem limite e outras surpresas desagradáveis. Nestes casos, paciência não será paciência, mas conformismo.

Falando nisso, vamos lembrar de um senador. Não um dos atuais, mas um romano do século 1 a.C. — Marco Túlio Cícero. Ele entrou para a História pela qualidade de sua oratória. Entre todos os seus discursos, o mais famoso se inicia falando sobre o limite da paciência:

— ***Quosque tandem abutere,*** *Catilina, patientia nostra?* — "Até quando, Catilina, abusarás de nossa paciência?"

Cícero dirigia suas palavras a Lúcio Sérgio Catilina, um político que havia sido derrotado nas eleições. Inconformado com o resultado, Catilina liderava um movimento para enfraquecer o Senado e derrubar a República. Cícero organizou seus argumentos contra essa conspiração em quatro discursos, publicados com o nome de Catilinárias. As gerações futuras ganharam um dos mais belos conjuntos de argumentos lógicos contra a infâmia.

A frase de Cícero tem sido repetida incontáveis vezes há mais de dois mil anos. Cada vez que o poder que alguém se atribui oprime seu semelhante, a paciência deve dar lugar à indignação. E a primeira manifestação desta pode ser exatamente esta pergunta: "Até quando abusarás de minha paciência?". No lugar de Catilina, estamos autorizados a colocar o nome que couber para cada situação. Haja nomes...

a paciência **sábia** pode dar lugar à

indignação

justa

O homem cordial

Muito já se disse sobre as características dos brasileiros, esse povo tão alegre, apesar de todos os problemas que precisa enfrentar. Uma dessas características é a paciência, inclusive quando ela já não deveria existir. O professor Sérgio Buarque de Holanda, conhecido, pelos menos avisados, apenas como pai do Chico, foi um historiador de reconhecimento internacional. Sérgio escreveu um dos livros mais importantes já publicados sobre nossa gente — *Raízes do Brasil*. O livro descreve o brasileiro típico, aquele formado pela junção do português, do negro e do índio e que definiu o jeito de ser de todos nós que falamos português deste lado do Atlântico, seja qual for a origem de nossos ancestrais. Ele batizou esse homem de "homem cordial".

O homem cordial é diferente do homem gentil. Este é dado a salamaleques e atitudes que visam agradar, o que é ótimo, mas nem sempre sincero. Já o homem cordial é sempre sincero e essencialmente afetivo. Cordial vem de *cordis* — coração. O homem cordial prioriza o emocional e as relações humanas, dispensa formalidades e prefere ser amado ou odiado a ser esquecido. Esse é o lado bom do homem cordial — afetivo, amigo, solidário, sociável, alegre, verdadeiramente adorável, no dizer dos anglo-saxões.

Seu lado questionável é o excesso de tolerância. O homem cordial não se ofende quando é desrespeitado, não se indigna com as imensas diferenças sociais, não se exaspera com a falta de segurança e de perspectivas. Essa passividade é ruim, na medida em que acaba repercutindo em nosso progresso. Tolerância, sim, com as diferenças, mas não com o desrespeito, com a incompetência e com a desonestidade. Paciência é virtude até certo ponto. Ser paciente além do razoável não ajuda nem o paciente nem quem é o objeto da paciência.

A paciência só é benéfica quando não é sinônimo de passividade. Quando percebemos que algo está amadurecendo e se encaminhando para a conclusão esperada, devemos ser pacientes. Mas quando a situação se pereniza ou se repete, sem dar sinais de uma conclusão, qualquer que seja, está na hora de interromper a passividade e tomar uma atitude.

Na filosofia budista encontramos o exercício da meditação e da paciência como um caminho para a iluminação espiritual. O autocontrole que deriva desse estado melhora nossa relação com o mundo e com nós mesmos. Budistas costumam ser pessoas pacíficas. É comum ouvirmos a expressão "paciência de monge budista" como símbolo da postura sábia de observar o mundo com serenidade e sem pressa, tendo certeza de que, no final, tudo dará certo.

Entretanto, na própria origem do budismo encontramos uma atitude que sinaliza a não-passividade. O príncipe Sidharta foi criado longe dos sofrimentos humanos. Jamais saía do palácio, onde vivia cercado de conforto e carinho. Essa boa vida, entretanto, não satisfez o espírito inquieto do jovem. Um dia, desobedecendo às ordens de seu pai, saiu do palácio e foi visitar a cidade, a vida real. Teve, pela primeira vez, contato com a velhice, com a doença e com a morte.

Sidharta poderia simplesmente ter voltado ao conforto palaciano e tratado de viver sua vida boa. Mas não foi o que ele fez. Abandonou o palácio, o pai, a mulher e o filho e foi buscar a iluminação em variadas experiências de vida. Submeteu-se a um período de privações e sofrimentos até encontrar o caminho do meio. Sua atitude, criticada por todos os que conviviam com ele, foi uma demonstração de que ele não se conformou com o imenso contraste entre os dois mundos e decidiu procurar uma alternativa para o ser humano. Sidharta acordou para a realidade e adotou o nome de Buda, que quer dizer, literalmente, "aquele que está desperto". Entender a importância da paciência é sinal de sabedoria, mas reconhecer o seu limite é demonstração de que estamos de olhos abertos, inteiramente despertos.

Eu e minha timidez

Posso falar sobre timidez com autoridade – fui um menino que, quando brincava de Liga da Justiça, queria ser o Homem Invisível. Nos primeiros anos do colégio, época em que as meninas e as espinhas aparecem ao mesmo tempo, eu sofri tanto com a timidez que muitas pessoas achavam que eu seria uma espécie de eremita urbano. Felizmente essa profecia não se realizou. É bem verdade que a maioria dos adolescentes apresenta algum grau de timidez, que desaparece no início da vida adulta, notadamente após os 20 anos, mas o meu era maior do que o de meus colegas.

Lembro de vários episódios em que a timidez me fez passar por maus bocados. Certa feita, eu e meus amigos estávamos impressionados com a beleza de uma garota nova na escola, mas ninguém tinha coragem de chegar perto. Até que aconteceu o improvável: um dia ela perguntou o meu nome. Logo o meu nome!

Juro que eu levei um tempo para lembrar como me chamava. E, quando falei, saiu aquela voz de adolescente, meio grossa, meio fina. Foi então que eu desejei ser tragado pela terra, por um poço negro e sem fun-

A timidez é uma barreira que nos afasta do mundo

do. Ela, com toda a naturalidade, me perguntou se eu sabia como conseguir um livro, onde era a biblioteca, coisas assim. Era tudo o que ela queria — uma informação. Aí eu retomei o controle, porque sabia as respostas, mas depois fiquei horas pensando sobre o choque térmico provocado pela timidez. O frio glacial que se apoderou de meu coração quando ela falou comigo transformou-se em um calor infernal quando eu tive de responder. Passado o susto, surgiu um calorzinho morno e aconchegante, em que eu me senti confortável, fora de perigo, ainda que me chamasse de idiota mil vezes. E a vida foi passando, entremeando embaraços com superações. No fundo, uma história comum.

A timidez é como uma barreira que nos afasta do mundo circundante, impedindo que nossos pensamentos e sentimentos sejam exteriorizados. O tímido prefere não se expor porque teme desproporcionalmente a crítica, e o faz por dois motivos: se a crítica for severa, irá confirmar as suspeitas de sua inferioridade; se for favorável, colocará em cheque sua autocrítica. Portanto, não há saída.

Pode ser que a timidez não impeça a pessoa de se desenvolver, trabalhar, produzir e se realizar. Mas que prejudica a qualidade da vida, isso lá, prejudica. A vida é um processo de interação constante do indivíduo com o meio em que está inserto; quanto melhor for a qualidade dessa interação, maiores o conforto, a troca e o aprendizado. Qualquer barreira que isole a pessoa do convívio social provoca fissuras em seu desenvolvimento e compromete sua felicidade. Imagine viver em um pátio separado do resto da cidade por um muro alto, que impede a comunicação, apesar de não impedir que você perceba a vida que existe lá fora. Pois a timidez é esse muro.

Mas calma, nem tudo está perdido. Primeiro temos de saber que todas as pessoas têm algum muro. Pode ser mais alto ou mais baixo, mas não há quem não revele o desejo de que alguma coisa fosse diferente em si ou em sua relação com o mundo. Depois, é importante frisar que o tal muro pode ser retirado, ainda que com algum esforço. Com que ferramentas? Veremos!

Eu e minha teoria

O **psicólogo americano Carl Rogers** é conhecido por ser autor da Teoria do Eu. Ele percebeu, em seu trabalho clínico, que as pessoas se referiam a si mesmas como se fossem outra pessoa, chamada Eu. "Sinto que não estou sendo meu verdadeiro eu" — esse tipo de manifestação é bastante comum em consultórios de psicoterapia. O que a pessoa quer dizer, na verdade, é que ela acredita que sua verdadeira essência é diferente daquilo que ela demonstra atualmente.

Os que são tímidos, no íntimo, sabem que não o precisam ser. E gostariam de não ser tímidos, mas como ultrapassar o muro? Carl Rogers criou uma abordagem interessante. Ele demonstra, com muita clareza, que aceita o paciente, que pede ajuda para mudar, como ele é. A primeira impressão é de que o terapeuta não entende o desejo do paciente de modificar seu interior e aproximar-se de seu verdadeiro eu. Com o tempo, entretanto, fica claro que esse "eu" nada mais é do que uma introjeção da imagem dos outros.

Quando a pessoa finalmente se aceita como é, abre-se um imenso caminho que leva a dois lugares: ao convívio mais equilibrado e harmônico com os outros; e à condição de promover mudanças consistentes, baseadas em suas tendências e seus potenciais, e não em modelos autoimpostos. Engraçado o ser humano. Ele só começa a mudar depois que passa a gostar de si mesmo como é.

Esse é um bom caminho para lidar com a timidez. Quando você se aceita como é, passa a acreditar que os outros também o aceitarão. A partir desse convívio livre de conflito, tem início um processo natural de desenvolvimento: você passa da fase de se aceitar para a de se gostar, e só então para a fase de mudar, com maturidade e segurança.

Poderíamos dizer, após uma análise superficial, que a timidez é uma forma grave de fobia social, mas não é bem assim. Há, sim, portadores de fobia social, que parecem pessoas muito tímidas, mas são mais complexos que isso. Estes precisam de mudanças estruturais em sua personalidade, de ajuda terapêutica especializada, pois seu medo é irracional, desproporcional e fora de controle.

Felizmente isso é raro. O comum é a timidez pura e simples, em que a pessoa também experimenta ansiedade, mas, mesmo assim, vai levando a vida e amadurecendo o convívio com o mundo na medida em que os anos passam. O tímido reconhece que é tímido e sabe que é o único responsável pelo medo que sente de se expor à crítica dos outros. O portador de fobia social não é assim. Ele culpa os outros pelo medo que carrega permanentemente. Prefere mudar o mundo a mudar a si mesmo, o que é irracional e impossível.

Portanto, qualquer um que admita ser tímido realmente o é e, com certeza, não sofre de fobia social. O próximo passo é compreender a si mesmo como uma pessoa única, que carrega a mistura excessivamente humana de virtudes e defeitos. Ninguém é desprovido de insatisfação com alguma característica que carrega pela vida. Nem mesmo os ídolos do cinema e do esporte, nem os muito ricos ou muito belos, nem os imensamente famosos. Eles não são perfeitos; são estereótipos quase sempre inimitáveis e, por serem humanos, têm seus próprios modelos, que tentam imitar, sem, na maioria das vezes, conseguir.

Quando **você se aceita** como é, passa a acreditar que os outros também **o aceitarão.**

55

Eu e meu Hamlet

O **sucesso da obra de Shakespeare** deve-se, em parte, ao fato de seus heróis não serem perfeitos; são humanos, anjos tortos, como todos nós. Pode ser duro aceitar, mas não nos foi dado o dom da perfeição, denuncia o bardo inglês. Shakespeare nos deu de presente personagens como Hamlet, que ora é forte, ora titubeia; às vezes é justo, às vezes, injusto; tem comportamento de herói, mas também de bandido. Bem-vindo ao mundo dos personagens reais, que gozam e sofrem, porque disso é feita a essência da vida.

A timidez não merece tratamento, pois não é uma doença. Mas pode ser atendida com medidas que visam diminuí-la, garantindo melhor qualidade de vida. Eu comecei esse assunto confessando que me considero um tímido. Vou contar mais uma de minhas características: sou asmático. Aliás, combinação comum, asma com timidez — e um alimenta o outro. A asma dificulta a respiração, a timidez dificulta o convívio. Nenhum dos dois impede, apenas dificulta, rouba energia, imobiliza, entristece.

Antigamente, o asmático era protegido, aquecido, deixado dentro de casa, na cama, coberto dos pés à cabeça. Enquanto ficava em casa, superprotegido, minha asma só aumentava. Ela começou a diminuir, até quase passar por completo, quando comecei a me expor àquilo que mais desencadeava as crises: o exercício físico. Fui, então, nadar, e até que não me saí mal na empreitada. Entrei para uma equipe, participei de muitas competições e ganhei medalhas. Ainda tenho asma, mas a doença está sob controle.

A necessidade de resolver um problema físico fez que eu virasse nadador. Pois com a timidez foi a mesma coisa. A motivação, entretanto, foi de outra natureza: eu precisava ganhar a vida. E sabe qual foi minha melhor oportunidade? A de dar aulas! Mas como, com a timidez que me tirava o fôlego mais do que a própria asma? Foi quando a coragem teve de ser maior que o medo — aliás, dois companheiros inseparáveis.

A primeira aula me deu mais frio na espinha do que o que senti na pele quando comecei a nadar. Tremia feito vara verde. Eu conhecia muito bem a matéria que precisava ensinar. Mas a timidez... Essa funcionava como uma ave agourenta, me garantindo que os alunos fariam perguntas que eu não saberia responder, e que eles me achariam ridículo, burro e feio. Mas, como é a necessidade que ensina o sapo a pular, tive de encarar o giz e o quadro-negro.

como é a necessidade que ensina o sapo a pular, tive de encarar o giz e o quadro-negro.

E o que era para ser um bico de estudante transformou-se em uma carreira para toda a vida. Até hoje amo profundamente o magistério, e atribuo parte desse amor ao fim do sofrimento que a timidez me dava. Repare: eu não disse que estou livre da timidez, mas do sofrimento, pois aprendi a lidar com as relações humanas pela insistência, determinação e esforço. Não sei em quantas piscinas nadei e quantas aulas ministrei, só sei que foram muitas. E sei que a asma e a timidez ainda estão em mim, mas hoje quem está no controle sou eu, não esses dois embusteiros.

E digo mais: atribuo minha qualidade didática, reconhecida como muito boa, à necessidade de ser aceito; portanto, precisava ser o mais didático possível. Os grandiloqüentes, comunicativos, extrovertidos não necessariamente serão os melhores comunicadores, pois eles não questionam sua aceitação. Os tímidos, estes precisam se superar, por isso costumam estar entre os melhores após vencer suas barreiras interiores.

Portanto, caros tímidos, encarem sua característica não como uma limitação, mas como o forte motivo que os levará ao melhor dos mundos — o das relações humanas baseadas na qualidade, na essência, na verdade. Sem imitar modelos e invejar os extrovertidos. E falando em inveja...

Inveja – ter ou ser

Se você é humano, às vezes sente inveja. É normal, mas cuidado para não errar na dose nem criar um padrão para virar um invejoso reconhecido, com direito à alcunha de "seca-pimenteira". A inveja é tema da psicologia e da literatura há muito tempo. Uma das maneiras encontradas para lidar com o assunto foi classificar a inveja em "categorias", quem sabe para justificar alguns invejosos e condenar outros. Falamos em uma "inveja ruim", destrutiva, que infelicita e destrói relações. Mas também dizemos que existe a "inveja boa", aquela que é declarada sem medo de ferir, como uma espécie de admiração pelo outro.

Ainda assim, a inveja costuma ser colocada ao lado de outros sentimentos de qualidade discutível, como o ciúme, a raiva e o medo, na vala comum dos "sentimentos destrutivos". Aqueles pequenos demônios interiores que nos acompanham pela vida e sugam parte de nossa vitali-

Há uma diferença entre **estar com inveja** e **ser invejoso**

dade paralisam movimentos e dificultam as reações justas. Sofremos, por causa deles, uma espécie de "amarelão" emocional, que nos enfraquece e nos torna tristes figuras. Verdadeiros Jecas tatus psicológicos.

Aliás, quando Monteiro Lobato criou o personagem Jeca Tatu, o fraco e indolente caipira, cuidou de dizer que "o Jeca não é doente, ele apenas está doente". Usou essa maravilhosa propriedade da língua portuguesa que nos permite separar um estado permanente de outro transitório.

Também podemos aplicar esse recurso à inveja, pois há uma diferença entre estar com inveja e ser invejoso. Preste atenção à sutil diferença: quem está poderá deixar de estar, mas quem é provavelmente o será para sempre. É seu costume. Quem declara que está com inveja o faz como quem conta que está com cólicas. É algo que vai passar. Já o invejoso reconhecido nada precisa declarar; aliás, ele nunca tem nada a declarar. "Inveja, eu? Deus que me livre" — e bate na madeira. O invejoso precisa negar sua condição, pois a inveja se evapora quando exposta ao ar. É como o éter. Quando declaramos abertamente que estamos com inveja de alguém, na verdade, declaramos nossa admiração por ele. O invejoso de verdade jamais faria isso. Aceitar a admiração significa, para o invejoso, aceitar sua própria inferioridade. São raros os invejosos assumidos. Entretanto, há alguns exemplos.

57

O peso da felicidade alheia

Jean-François era sobrinho de um grande compositor, e tudo o que ele mais queria era seguir os passos do tio, de quem se julgava herdeiro do dom e da fama. Mas não foi bem isso que aconteceu, pois o jovem não revelou nenhum talento para a música e, como viria a ser demonstrado ao longo de sua vida, para coisa alguma. Indisciplinado e inconstante, tentou a carreira militar, pensou que poderia ser padre, arriscou-se na música, mas acomodou-se na boemia. Acabou notabilizando-se por uma postura cínica: a arte de viver sem preocupação moral. E, para quem quisesse ouvir, dizia sem rodeios que invejava, sim, a celebridade de seu tio Rameau.

Tal indivíduo ignóbil é o personagem central do romance *O sobrinho de Rameau*, de Denis Diderot, o filosofo francês que, entre 1750 e 1772, dedicou-se a compilar dados para redigir a *Enciclopédia*, um conjunto de volumes que resumiria todo o conhecimento da época. Diderot foi, por isso, alvo de críticas dos que consideravam seu trabalho algo menor, e o acusavam de ser um mero compilador, e não escritor e filósofo, como ele se apresentava. Findo o trabalho enciclopédico, Diderot escreveu alguns romances, entre eles *O sobrinho de Rameau*, que discorre sobre o sentimento da inveja, e aponta na direção de seus críticos. Jean-François é, provavelmente, o único personagem da literatura que assume sua condição de invejoso e se orgulha dela.

Não se encontra um equivalente de Jean-François no mundo real com freqüência, pois a inveja não costuma ser candidamente exposta.

Quem a tem a esconde, quando não a nega, até de si mesmo. É muito mais simples admitir o ódio, a repulsa, o medo e até os ciúmes do que a inveja, pois quem a assume confessa sua inferioridade. E o problema é que sofre com isso. Outro francês, Jean de La Bruyère, contemporâneo de Diderot, lembra que a inveja volta-se contra quem a sente, não contra quem a provocou. Disse ele: "Temos pelos nobres e pelas pessoas de destaque um ciúme estéril, ou um ódio impotente que não nos vinga de seu esplendor e elevação, e só faz acrescentar à nossa própria miséria o peso insuportável da felicidade alheia". Bingo!

E você, o que faz quando sente inveja de alguém? Apenas sente e sofre com isso? Ou brinca com o que está acontecendo e então toma atitudes para diminuir a distância que o separa da condição invejável?

Podemos falar sobre a inveja a partir de dois referenciais: o pecado ou o sentimento. Há quem a considere um mal condenável, somente expiado pela confissão e pelo arrependimento, e há quem a veja como algo inerente à condição humana, portanto existente em todos nós. Ficamos, então, entre Santo Agostinho e Freud. *Confissões* ou *A interpretação dos sonhos*. O confessionário ou o divã. Quem sabe ambos.

De minha parte, confesso que sinto inveja, mas declaro que não me atenho a sentir. Dedico-me a interpretar esse sentimento que, se por um lado me envergonha, por outro me mobiliza e me faz mudar. Senão, não adiantaria confessar, pois continuaria a ser um pecado. Ou é a confissão e a análise ou não é nada.

a **inveja** volta-se contra quem a sente, não contra quem a provocou.

A inveja, o drama e o humor

Veríssimo, com seu humor fino, escreveu recentemente que sente inveja. Declarou que inveja quem pode comer de tudo, quem tem cabelo, quem fala em público com facilidade. E inveja especialmente aqueles que dizem que estão "sem nada para ler". Segundo ele, estes são dignos de inveja porque certamente não se angustiam com a sensação de não ter tempo, em uma vida, para ler tudo o que existe disponível — o que, definitivamente, não é o caso dele. Essa declaração pública do escritor gaúcho é invejável, pois revela um espírito intelectualmente irrequieto e insaciável. É uma inveja de causar inveja.

Quem não aceitaria — usando a piada para dizer a verdade — que está com inveja do amigo prestes a viajar de férias para uma praia paradisíaca, com seu novo carro conversível e uma namorada linda e divertida? "Vai chover o tempo todo", poderia dizer você, brincando. Ao que ele responderia: "Melhor, ficaremos no bangalô". Essa é a inveja do chiste, da graça, do bom humor, da amizade.

O perigo mora nos "invejosos de carteirinha", aqueles capazes de secar uma samambaia. Esse tipo de pessoa simplesmente não tolera a felicidade genuína do outro porque não consegue, ele mesmo, ser feliz. O pior: atribui isso a quem consegue, como se não houvesse felicidade de sobra para todos. Se o outro a tem, faltará para ele. Há algo disso na cultura ibérica, em que sucesso é ofensa pessoal, ao contrário da anglo-saxã, em que é sinônimo de heroísmo. Os ídolos americanos costumam ser gente rica, bela, realizada, criativa e feliz. Por aqui, os heróis são os sobreviventes.

O cinema às vezes trata desse assunto e o coloca assim: quando o personagem tem inveja, o filme é uma comédia; quando o personagem é um invejoso, é um drama. Os personagens do seriado *Friends* são caricaturas da condição humana. Sentem amor, raiva, solidariedade e egoísmo em proporções semelhantes. Não raro, um declara inveja pela conquista do outro, para em seguida se arrepender e se emocionar. E tudo termina em piada.

Já no filme *Seven*, o *serial killer* interpretado por Kevin Spacey pratica crimes horrendos, mas sofisticados. Em cada uma de suas vítimas, deixa a marca de um dos sete pecados capitais. Para o fim da série, deixa a inveja, que é o que ele sente pelo detetive interpretado por Brad Pitt e, por isso, mata sua esposa. O efeito, sobre o espectador, é tremendo.

Menos violenta, porém não menor, é a inveja do compositor Salieri, tal como foi apresentado no fabuloso filme de Milos Forman, *Amadeus*. Até a chegada de Mozart à corte austríaca, o então compositor oficial, Antonio Salieri, considerava-se um escolhido de Deus. Produzia peças admiradas por todos e elogiadas pelo rei. O jovem Mozart, porém, acaba com essa certeza. Salieri é obrigado a reconhecer que não é o escolhido de Deus, e então sofre por não entender como pode um jovem devasso, indisciplinado e não religioso possuir aquele dom divino. Sua inveja o levou a arquitetar a destruição de Mozart. Essa é a história de uma inveja que rendeu um Oscar.

Sobre a inveja, Bertrand Russell escreveu, em *A conquista da felicidade:* "De todas as características que são vulgares na natureza humana, a inveja é a mais desgraçada. O invejoso não só deseja provocar o infortúnio e o provoca sempre que o pode fazer impunemente, como também se torna infeliz por causa da sua inveja. Em vez de sentir prazer com o que possui, sofre com o que os outros têm". Que coisa feia, essa tal de inveja.

59

O monstro de olhos verdes

Você, que me lê, está autorizado a me atirar a primeira pedra se nunca sentiu ciúme. Atire, se nunca sofreu com essa angústia que parece um verme que se alimenta do sofrimento que provoca. Por mais paradoxal que pareça, não se quer sentir ciúme, mas também não se quer deixar de sentir. Qual é, então, o mistério desse sentimento que, depois do amor e do ódio, foi o que mais alimentou a literatura?

O clássico *Otelo*, por exemplo, alerta para o poder destrutivo do ciúme. Shakespeare, que entendia de pessoas, constrói, a partir dele, um cadinho em que todos os outros sentimentos se misturam. A inveja, a raiva, a vingança e o sofrimento estão juntos nos diálogos mais importantes, como este:

> *Iago: Acautele-se, meu senhor, contra o ciúme. É ele o monstro de olhos verdes que zomba da carne com que se alimenta. Que minutos desgraçados passa aquele que adora, porém duvida; suspeita, porém ama com intensidade!*
> *Otelo: Oh, miséria!*

Ao chamar o ciúme de "monstro de olhos verdes", Shakespeare criou a imagem de algo monstruoso, mas belo — sentir ciúme é um sofrimento ligado ao privilégio de ter de quem sentir ciúme. Sim, há perversidade na lógica ilógica da alma humana.

O protagonista, que dá nome ao livro, é um nobre a serviço do Estado de Veneza, que é nomeado governador de Chipre. Como é mouro e, ainda por cima, negro, desperta entre muitos um ciúme mortal, especialmente em seu alferes Iago. E, como se não bastasse, Otelo casa-se com a bela Desdêmona, filha do senador Brabâncio. É demais para o fraco e vingativo Iago, que passa a tramar contra seu chefe, fazendo-o sentir exatamente o que ele sentia: ciúme.

Iago arma para que Otelo pense que Desdêmona o trai com o belo tenente Cássio. O fim dessa trama é um dos mais dramáticos da obra do bardo inglês, rivalizando em tristeza de amor trágico apenas com *Romeu e Julieta* — Otelo asfixia Desdêmona e depois se apunhala.

Iago também é punido, mas é tarde, pois a tragédia já está consumada. Aliás, essa é uma sina comum dos ciumentos. Punem-se a si mesmos, num impulso irracional que acusa e infelicita, mas, infelizmente, não fazem justiça, pois já é tarde, o mal já está feito e a relação, comprometida.

Ah, o efeito devastador do ciúme!

Mas há o outro lado da moeda (sempre há). O ciúme não é errado em sua essência, e sim em sua dose e aplicação. Analisemos a origem da palavra: ciúme deriva do latim *zelumen*, que é mais bem traduzido por zelo, atenção, cuidado. Portanto, sua aplicação é boa, útil e até necessária. O ciúme não é destrutivo quando demonstra o bem querer e cria a sensação de proteção. Mau é o ciúme que gera sentimento de posse, que asfixia, maltrata e destrói. Pode ser que o ciúme seja um bom tempero para o amor, como diz a poesia, desde que você acerte a quantidade (pitadas são suficientes), pois não há paladar que agüente tempero em excesso. O impulso de proteger aquele que amamos para não perdê-lo é salutar e está presente em todas as pessoas. Os que erram a mão e batem de frente com a desgraça são os que vêem perigo onde não existe.

O ciúme não é errado na essência, mas pode ser na dose.

Ciúme bom, ciúme mau

Alguns estudos justificam plenamente o ciúme. A etologia, ciência que se dedica a estudar o comportamento e os hábitos dos animais, ensina que todos eles, todos mesmo, são de alguma forma ciumentos. Estão sempre "de olho" nos "concorrentes", que podem estar cobiçando seu espaço, seu alimento ou seu parceiro. Desde os invertebrados mais simples até os vertebrados superiores, incluindo o homem – que não está "separado" da natureza, como querem alguns –, possuem instintos. Estes preservam suas vidas (ciúme do espaço e do alimento) e a sobrevivência de sua espécie (ciúme do parceiro). Se algum acontecimento novo colocar em risco esses valores de vida, será rapidamente percebido, e a reação será imediata.

Olhando por esse ângulo, concluímos que não é natural não ter ciúme. O cuidado com seu mundo pessoal é próprio de qualquer ser vivente, para garantir a sobrevivência. Quando falamos de seres humanos, trilhamos as mesmas teorias – com algumas diferenças, é claro. A primeira delas é que os animais preocupam-se apenas com a sobrevivência física, sua e de sua espécie. Já os humanos também estão interessados em sua sobrevivência emocional. Essa é a novidade, e é aí que a porca (ops!) torce o rabo.

Então entra em ação a psicologia. De acordo com Freud, todos temos reações psíquicas que exprimem nosso estado afetivo. São dois os afetos básicos: amor e ódio. Quando postulou o complexo de Édipo, ele explicou a tensão e o conflito que existem entre esses dois afetos, permanentemente. Segundo ele, dirigimos à mesma pessoa amor e ódio, ambos justificados por nossos instintos. Amamos amar uma pessoa porque isso nos dá segurança, conforto, prazer. Mas odiamos amar porque isso gera comprometimento, limita movimentos, preocupa, dá trabalho. E o ciumento é o que mais odeia amar. "Ah, como seria boa minha vida se eu não tivesse de me preocupar se serei traído ou não!", pensa ele. E, pensando assim, sofre e faz sofrer.

O ciumento de carteirinha ama e sofre em proporções não ditadas pela lógica, mas pela emoção. É passional e, ao mesmo tempo, fleumático. Já se disse que, se fosse o racional Hamlet no lugar de Otelo, ele logo teria desmascarado Iago. E, se fosse o passional Otelo no lugar de Hamlet, teria traspassado Cláudio com sua espada antes mesmo do funeral de seu pai, o rei da Dinamarca.

Não, não é errado sentir ciúme. Só os insensíveis não sentem. O errado é transformar o ciúme em uma compulsão irracional, subproduto da desconfiança ou da baixa auto-estima. Olhando mais de perto, os teóricos dividiram em duas as origens do ciúme: causas externas e causas internas. O ciúme de causa externa é o provocado pela pessoa que é o objeto do ciúme, ou por alguém que dela se aproxime de modo inconveniente. Se o comportamento de sua namorada, por exemplo, desperta cuidados, está na hora de "discutir a relação". É claro que ninguém agüenta sua namorada, ou namorado, desrespeitando os limites do bom senso e abrindo espaço para que outro ou outra se sinta convidado(a) a entrar em sua intimidade. Civilização pressupõe limites, sim. Relações civilizadas também.

Já o ciúme de causa interna é o que nasce da insegurança e da baixa auto-estima. É o ciúme do indivíduo que tem certeza da infidelidade da namorada apenas porque ela cumprimentou um ex-colega de classe, ou sorriu educadamente para um cavalheiro que lhe deu passagem na entrada do elevador. É o ciúme que estraga a lua-de-mel, que tira o prazer do final de semana na praia, que pode chegar à fronteira da patologia. O ciumento que tem medo de perder porque carrega uma insegurança inconsciente. Com freqüência, também sente ciúme de coisas, e não apenas de pessoas. Não lhe peça um livro emprestado nem se ofereça para dirigir seu automóvel. Você se arrisca a levar um "não" e a criar, sem querer, uma situação constrangedora.

Reflexões sobre

a beleza e as dificuldades da vida a dois, sobre a comunicação humana, a educação como a grande esperança e o comprometimento de cada um na construção de um mundo de paz.

Primeira Parte

Segunda Parte

Terceira Parte

Quarta Parte

61

Viva o casamento

Vamos falar sério. Quando dá certo, o casamento é uma das melhores coisas que podem acontecer na vida de um homem — e de uma mulher, claro. O problema é dar certo. "Defina 'dar certo' ", você poderia me dizer. OK, você sabe que seu casamento deu certo se ele fornece a você mais, muito mais, do que a função tradicional de "constituir família". Essa é uma idéia antiga, ligada ao equilíbrio da sociedade e à continuidade da espécie humana, defendida pela Igreja e pelas tradições. Em pleno século 21, às favas com as tradições. Eu quero é ser feliz! E se isso vai colaborar com a sociedade e com a perpetuação, ótimo.

Então, vamos concordar num ponto: seu casamento deu certo quando ele é fonte de felicidade, e essa felicidade emana da relação que você tem com sua mulher ou seu marido, e não da segurança, dos filhos, do patrimônio, das aparências. Casamento é uma relação, não uma instituição, e uma relação que vale a pena não é coisa de amadores. Se deu certo, é porque ou você tem muita sorte ou fez uma opção consciente, adulta. É isso mesmo: o casamento, em primeiro lugar, depende da escolha certa da pessoa que irá viver ao seu lado, misturando a vida dela com a sua. E essa história de que os diferentes se atraem vale para a física, não para a psicologia. Não é necessário que os dois pensem sempre igual, concordem em tudo, mas é fundamental que tenham escalas de valores compatíveis, hábitos que não se choquem e, principalmente, projetos comuns.

É simples, mas não é fácil. Mesmo que todas essas condições sejam respeitadas, o casamento ainda tem lá seus inimigos. Não estou falando da inveja dos vizinhos, mas dos capetinhas que se acomodam nos cantos da casa e muitas vezes não são varridos com firmeza usando a vassoura feita com piaçaba de sensibilidade e cabo de inteligência. O casamento precisa ser cuidado, polido, arrumado, decorado, temperado... senão murcha, mofa, sofre, escorre pelo ralo da indiferença e pelo esgoto da acomodação.

A rotina é, com imensa freqüência, acusada de ser a grande vilã. "Nosso casamento não resistiu à rotina"; "a monotonia acabou com o sonho", alegam os recém-separados, como se a responsabilidade estivesse fora deles. Ora, a monotonia não bateu na porta e entrou sem ser convidada: ela nasceu das vísceras da relação. É um câncer que não foi detectado a tempo ou não foi tratado com competência. Hum, mas deixe-me ver se estou entendendo: rotina e monotonia são a mesma coisa?

Flaubert escreveu que "Há má literatura como há má farmácia; mas condenar *in totum* a mais importante das belas-artes me parece uma estupidez, uma idéia gótica, digna dos tempos abomináveis em que encarceraram Galileu". Pois aí está também o casamento, que é em parte literatura, em parte farmácia — arte e ciência, lógica apolínea e paixão dionisíaca andando de braços dados.

Dona Flor, personagem inesquecível de Jorge Amado, amava Vadinho pelo lirismo de sua vida, mas sofria com sua falta de responsabilidade. Morto Vadinho, a viúva sofre, chora, conforma-se. Passado um tempo, casa-se de novo, desta vez com Teodoro, farmacêutico respeitado, correto, estável, com quem ela conhece uma vida nova, segura, tranqüila... mas monótona. Então, o gênio do escritor baiano aponta para o final feliz: o espírito de Vadinho volta, e Flor, não resistindo aos seus encantos, torna-se sua amante. Eis que a morena conhece a felicidade com seus dois maridos. Isso dá a ela monótona segurança e fornece a aventura de uma vida de paixões. Não, o autor de *Dona Flor e seus dois maridos* não sugeriu que você tenha dois maridos ou duas mulheres. Ele apenas lembra que todos nós temos, convivendo dentro de nossos espíritos, Teodoro e Vadinho, Apolo e Dionísio, lógica e paixão, rotina e aventura. Basta abrir a porta certa no instante correto.

Rotina e monotonia

Vamos começar esclarecendo que estamos falando de duas coisas diferentes. Rotina é a repetição sistemática de uma conduta. Monotonia indica que essa conduta é chata, sem sabor, aborrecida.

A rotina não é necessariamente ruim e, para algumas coisas, é necessária e desejável. Para obter bons resultados no estudo, no trabalho e na ginástica, por exemplo, é necessário que as atividades sejam repetidas sistematicamente, pois é de sua constância e de seu somatório que aparece o resultado. Eu, por exemplo, juro que gostaria de ter mais rotina em minha vida. Atualmente, meu trabalho me obriga a viajar muito, variando imensamente meus dias, o que significa que minha vida não tem rotina nenhuma. E, acredite, eu me ressinto disso. Gostaria de poder escrever todos os dias — isso me faria produzir textos mais sofisticados. Adoraria poder praticar um esporte regularmente, ou pelo menos freqüentar a academia três vezes por semana o ano todo, pois isso teria um impacto positivo em minha saúde. E por aí vai. Há várias atividades rotineiras que não são monótonas; pelo contrário, tornam-se desgastantes exatamente porque são feitas esporadicamente, sem a regularidade necessária à boa prática.

Casamento também é assim. Estar casado é conviver diariamente com um sem-número de pequenas rotinas, que podem ser maravilhosas. Ou não? Talvez a maneira como encaramos a rotina no relacionamento seja uma chance de avaliar se temos ou não um bom casamento, ou se precisamos, pelo menos, fazer alguns ajustes. Estar casado significa dormir com a mesma pessoa todas as noites e acordar ao lado dela todas as manhãs. Gostar disso significa ter um bom casamento.

A rotina de um bom casamento é composta por um imenso conjunto de minúcias adoráveis: beijar as costas do outro antes de dormir; levantar primeiro de manhã para ir ao banheiro e deixar a escova dele já com pasta de dente sobre a pia; servir, um ao outro, a primeira xícara do dia com a mistura exata do café com o leite; secar a louça enquanto o outro lava; ligar do trabalho no meio da tarde. Essas são rotinas, sim, mas rotinas saborosas, desde que nelas haja o tempero adocicado do amor em oposição ao amargo sabor da obrigação.

Estar casado é dividir os momentos que se repetem e, por isso mesmo, se aprimoram. Lembro-me de ter perguntado à minha mulher por que de repente ela parecia absorta e ausente — o que muito me irritava. Então, ouvi uma suave explicação: "Há momentos em que sinto necessidade de agradecer". Levei um tempo para perceber — macho troglodita — que ela agradecia pela rotina, pelo prazer de ter ao seu alcance a segurança de entender sua vida e controlar seus movimentos.

A monotonia, em contrapartida, é a vilã não só do casamento, mas da vida como um todo. Definitivamente, a monotonia é inimiga de quase tudo de bom que nasce da alma humana. Ela mata a criatividade, afoga a alegria, sufoca as relações, amaldiçoa a felicidade. Monotonia significa manter o mesmo tom, mesmo tendo à disposição uma grande variedade deles. A palavra "monotonia" remete à metáfora auditiva, então vale a pena lembrar: o ouvido humano normal é capaz de perceber sons de freqüências entre 15 e 25.000 Hz. Isso permite ao cérebro captar uma quantidade imensa de sons, porque ele precisa disso para conectar-se com o ambiente e compreendê-lo. Não é justo — nem com a biologia nem com a psicologia, muito menos com a poesia — aprisionar alguém a poucos tons. A monotonia, via esta metáfora, é desumana e destrutiva.

um **bom casamento**
é **composto** por um conjunto de
minúcias adoráveis

63

Luz e sombra

Voltando ao casamento, ele se alimenta da rotina, mas é envenenado pela monotonia. Repetir as ações é o único modo de aprimorá-las e chegar à excelência, no dizer de Aristóteles, que amava a sabedoria. Não gostar das ações que se repetem é o melhor meio de chegar às trevas, como queria Mefistófeles, que odiava a luz. Acompanhe esta história:

"**Emma era uma bela e jovem mulher**, inteligente, culta, encantadora. Casou-se com Charles, médico recém-formado de futuro promissor. O casamento perfeito, diria qualquer um — pareciam ter sido feitos um para o outro. Mas Emma, apesar de amar e respeitar Charles, para quebrar a rotina resolve traí-lo. Como se não estivesse satisfeita, continuou a busca, colecionando amantes e aventuras, até que isso a conduziu — junto com Charles e toda a família — à ruína moral, social e financeira."

Este breve parágrafo é uma síntese pobre do livro *Madame Bovary*, de Gustave Flaubert, o escritor francês que, no século 19, provocou discussões acaloradas e foi alvo de um processo judicial por promover a imoralidade com sua obra. A acusação ajudou a colocar a obra de Flaubert entre as principais referências à complexidade da alma humana. Absolvido, acabou dedicando a obra ao promotor que o acusava, com a ironia inteligente que caracteriza seus textos.

Emma odiava a rotina monótona da vida pequeno-burguesa de esposa de médico em uma localidade do interior da França. Mas, em vez de tentar melhorar sua vida, influenciando o marido entediante com alegria e emoção, buscou aventuras fora do casamento. A partir desse expediente, não só não encontrou o que buscava como ainda acabou com o pouco que lhe restava. A virtude de Emma — sim, ela tem virtudes — é ser inconformada, mas seu engano é o foco de sua atenção. Ela não tenta mudar a própria vida, e sim construir uma vida paralela.

Flaubert foi um escritor de obra pequena, mas reconhecido pela perfeição de seus escritos. Gastou cinco anos escrevendo *Madame Bovary* e sempre dizia que estava à procura da *mot juste* — a palavra exata que servisse para representar uma idéia. Se madame Bovary vivesse hoje, talvez a *mot juste* para ela fosse a de neurótica insaciável, dessas que buscam o lenitivo para sua vida vazia em *shoppings*, motéis e bares. É o tipo da pessoa que procura a solução onde o problema não está, como o bêbado que perde a chave no meio do quarteirão e a procura na esquina porque ali tem luz.

Não, o problema não está na rotina, mas na monotonia. Ainda que haja forte conexão entre ambos, esses substantivos não são sinônimos. E a rotina monótona é diferente da monotonia rotineira. A primeira precisa de atitude, a segunda de tratamento. Se a rotina, que é inexorável, está monótona, precisa de novos temperos. Se a monotonia já virou rotina, é possível que precise de novos ingredientes.

Não entendeu? Vou tentar de novo. Se seu casamento está monótono apesar de ter componentes construtivos, que valem a pena, basta colocar algumas iniciativas em prática. Que tal um motel depois de um *show*? Ou uma dança depois de um jantar? Por que não mandar flores para sua mulher sem motivo algum, ou fazer uma massagem relaxante em seu marido-executivo-estressado em plena quarta-feira? Esses são exemplos de temperos, especiarias que dão sabor e impedem a deterioração da relação. Com isso, você não mata a rotina, mas combate a monotonia com elementos que mexem com as emoções. Amanhã a vida continua, mas parece que o Sol está mais brilhante e o trânsito parece fluir melhor.

No entanto, se o desencanto se instalou e não há mais por que lutar, melhor do que prolongar a agonia é ser honesto, enfrentar o trauma e a dor que acompanham as grandes decisões... e partir para outra. Simples. Mas, como eu já disse, não é fácil!

Diferentes, ainda bem

Na construção das relações, há um tema recorrente e difícil: as diferenças. É óbvio que devemos partir do princípio de que as pessoas não são iguais: diferenças de percepção, de opinião e de gosto ocorrerão fatalmente em qualquer aglomerado humano, seja um casal, uma sala de aula, uma equipe de trabalho ou uma torcida de futebol. Não importa o tamanho. Pessoas são individualistas em seus desejos, mas são gregárias em sua natureza. Não conseguimos viver sozinhos, mas ainda não aprendemos a viver em parceria. É uma espécie de maldição. Mas há saídas.

É interessante notar que temos muitos motivos para aceitar que as diferenças são bem-vindas, mas preferimos evitá-las e conviver apenas com pessoas semelhantes a nós — como se isso fosse possível. Pessoas se atraem mutuamente quando percebem interesses comuns ou traços coincidentes. Até então, tudo bem, pois os diferentes só se atraem mesmo nas leis da física. Nas leis mentais, os iguais é que se atraem. O problema é que as semelhanças começam a ser questionadas quando as diferenças — que são inevitáveis — começam a aparecer.

Casais se formam, na maioria das vezes, porque duas pessoas cultivam os mesmos hábitos, gostam do mesmo esporte ou da mesma música, coisas que os colocaram no mesmo lugar ao mesmo tempo fazendo-os se encontrar. Entretanto, no convívio diário um turbilhão de pequenas diferenças, às vezes irritantes, acumulam-se e começam a exercer seu efeito corrosivo. É quando vale ter a intenção e a tolerância — a intenção de um futuro comum e a tolerância que vem do estado de amor.

No delicioso desenho animado *A Era do Gelo*, os três personagens centrais não poderiam ser mais diferentes: *Sid*, um bicho-preguiça que não parava de falar; *Diego*, um feroz tigre-dentes-de-sabre; e *Manfred*, um peludo e ranzinza mamute. No início da história, os três heróis deixam claro que têm rumos diferentes: cada um cuida da própria vida, sem o menor interesse pelo outro, até que...

Até que, por obra do (hollywoodiano) destino, os três se vêem diante do mesmo objetivo: eles encontram um bebê abandonado, cuja mãe havia morrido, e decidem devolver esse filhote de humanos à sua tribo. A partir desse momento, as diferenças, que antes os repeliam, passam a ser capitalizadas como habilidades. É claro que era necessário um líder, e o imenso mamute assumiu esse papel de bom grado. Pronto: surgiu uma equipe, em sua verdadeira dimensão, por conter os três elementos principais que a caracterizam: um objetivo comum, a capacidade de conviver com as diferenças e a existência de um líder.

O engraçado filme, por ser um cartum, poderia ser entendido como um programa para crianças. No entanto, os adultos também se divertem com ele e, mais do que isso, ganham mais um elemento para pensar sobre as diferenças. Afinal, se os personagens fossem iguais, a missão não teria tido êxito. As diferenças os salvaram.

Não conseguimos viver sozinhos, mas ainda não aprendemos a viver em parceria.

A alegria da diversidade

No dicionário, a palavra "idiossincrasia" é definida como "a maneira própria de cada indivíduo ver, sentir e reagir". E é por isso que ela se transforma na molécula da diversidade, característica essencial do humano. Não há, no mundo, duas impressões digitais iguais, nem duas íris, ou dois registros de eletrocardiograma. Da mesma forma, não há duas percepções iguais do mundo e da vida. Idiossincrasias...

Eis por que a tolerância, mais do que uma virtude, é um sinal de inteligência. Não me refiro à tolerância com a incompetência ou com a corrupção — contra estes, tolerância zero! Falo do exercício de aceitar a diferença como algo absolutamente normal e até desejado.

A intolerância com a diferença é burra e, quando levada a extremos, chama-se fundamentalismo, o atual grande inimigo da humanidade. Pessoas se agridem e se matam por não possuírem a mesma cor de pele, não pertencerem à mesma raça (seja lá o que isso signifique) ou não professarem a mesma religião. A eugenia é uma prática maldita porque busca o aprimoramento humano com base na eliminação de todos que não se enquadram no ideal imaginado pelo tirano de plantão. Desse modelo, Hitler é o principal exemplo. A humanidade já deveria ter aprendido que não é esse o caminho.

Cuidado: a diferença propulsora do progresso pela soma das forças é benéfica, mas a desigualdade não é. Crianças são diferentes nas reações aos estímulos que a escola oferece, mas são iguais em seus direitos e obrigações. Adultos são diferentes em suas habilidades e competências, mas não podem ser tratados como desiguais pela lei e pela justiça. Pode parecer apenas um jogo de palavras, mas há uma linha tênue separando esses dois conceitos: ser diferente e ser desigual.

Em uma sociedade justa, que deseje assumir compromisso com o progresso, as pessoas podem ser diferentes, mas devem — todas, sem exceção — merecer oportunidades, inclusive a de sonhar livremente, e isso as torna iguais. Em sua nona e última sinfonia, Beethoven introduziu um coral cantando uma ode de Schiller. A ode é dedicada à alegria, que é citada como se fosse uma pessoa, alguém com quem se pode conversar. Em uma das passagens mais belas, a ode diz: "Ó, alegria, permita que tua magia una aqueles que as leis dos homens separam".

Ficamos então a perguntar: por que o homem faz leis — muitas não escritas — para separar pela diferença e aglutinar pela semelhança, se é justamente da primeira que a evolução se alimenta? Enquanto não encontrarmos a resposta convincente para essa questão, o que nos resta é o caminho apontado pelo genial compositor alemão: a alegria. Ela transforma em parceiros os torcedores no estádio, em irmãs as crianças no parquinho, em cúmplices os membros de uma equipe bem conduzida — a alegria igual, que nasce da diferença.

A valorização da diferença promove o progresso.

A aceitação da desigualdade provoca a injustiça.

Comunicação é humanidade

Os perus são inimigos dos gambás porque estes matam seus filhotes para comer. Uma perua ataca um gambá sem piedade para defender sua prole e, em geral, consegue colocar o malcheiroso para correr. Se jogarmos um gambá de brinquedo, feito de pano, perto de uma perua, ela o destruirá em minutos.

Uma das experiências mais curiosas sobre o comportamento dos animais foi feita com um gambá e com uma perua e seus filhotes. Um biólogo amarrou um pequeno gravador no peito de um gambá, emitindo os piados de um filhote de peru, e o deixou perto de uma família de perus (a mãe, como sempre, estava zelosa e atenta a qualquer perigo). Entretanto, ela não atacou o gambá, que ainda parecia um gambá, caminhava como um gambá e, principalmente, cheirava a gambá. Só que ele piava como um peruzinho. Foi o suficiente para ser aceito como tal.

É provável que um peru que imitasse o ruído de um gambá fosse imediatamente repelido pelo grupo. Esse é apenas um dos muitos exemplos do poder da comunicação. Você quer se dar bem com um peru? Pie como ele. Deseja algo de um humano? Faça-o entender você. Comunique-se. Quem se comunica costuma obter o que deseja. "Quem não se comunica se trumbica", já disse Abelardo Barbosa, o Chacrinha, acertando no alvo.

Poderíamos dizer que, com a evolução, o homem aumentou sua capacidade de se comunicar. Evoluiu da comunicação oral para a escrita, desenvolveu tecnologias, inventou o correio, o telégrafo, o telefone e, hoje, não sabe mais viver sem o e-mail e o celular. Mas a relação de causa e efeito é justamente o oposto: evoluímos *porque* melhoramos nossa capacidade de comunicação, e não o contrário. A comunicação é o atributo que permitiu a evolução de nossa espécie, com o surgimento da sociedade humana. Pode parecer estranho, mas acredita-se que a linguagem antecedeu o pensamento.

Pensamento e comunicação estão ligados desde sempre. Precisamos pensar para falar e, ao falarmos, melhoramos nossa capacidade de pensar, porque o esforço pedagógico para que nosso interlocutor nos entenda melhora nosso próprio entendimento. Aliás, esse é o princípio da psicoterapia: o psicólogo estimula o paciente a falar, organizando pensamentos e sentimentos. Na aparência, o paciente fala com seu terapeuta, mas na prática ele fala consigo mesmo. E é dessa "autocomunicação", estimulada e mediada por um estranho, que a pessoa extrai autoconhecimento. E deste vem o desenvolvimento pessoal.

Em nossa **evolução**, o surgimento da **linguagem** precedeu a do **pensamento.**

A comunicação eficiente implica a combinação da maior quantidade possível de atributos simultâneos. O erro mais comum que se comete é imaginar que podemos comunicar uma idéia com perfeição apenas usando as palavras adequadas. É claro que as palavras certas são imprescindíveis, mas não podemos esquecer que palavras não têm vida própria — precisam, para viver, da qualidade da voz que as pronuncia.

A palavra representa uma idéia e constrói uma mensagem, mas quem emite essa idéia e essa mensagem é a modulação da voz. Palavras representam o intelecto; a voz é o manifesto da emoção. E a comunicação será tão mais eficiente quanto melhor for a interação entre a razão e a emoção.

Conteúdo e forma

Acontece com freqüência de uma pessoa dizer algo que lhe parece totalmente lógico e ser entendido de maneira ilógica por seu interlocutor. Você fala uma coisa e a pessoa entende outra. Já aconteceu com você? Às vezes, uma tentativa de elogiar transforma-se em uma pesada ofensa. Por outro lado, uma crítica severa pode ser aceita como uma manifestação de amizade e carinho. Por que isso acontece? No primeiro caso, porque a emoção da voz não foi compatível com a qualidade da mensagem. No segundo, porque a aspereza do comunicado foi amenizada pela entonação, que deixou claro que a crítica era um desejo de construção e uma manifestação de amizade.

Pode parecer estranho, mas em um ato de comunicação a forma é tão ou mais significativa do que o conteúdo. Tanto na aprendizagem quanto na comunicação, a emoção é mais determinante do que a razão — e, repetindo, a emoção não está na palavra, mas na maneira como ela é pronunciada. E não faltam exemplos (nas relações cotidianas, na política, no direito, na religião e até no futebol) de pessoas que não falam nada com nada convencerem quase todo o mundo. Imagine, então, se você associar um bom conteúdo a uma boa qualidade na comunicação!

Aliás, se você deseja convencer alguém com seus argumentos, a primeira providência é estar, você mesmo, convencido deles. Caso contrário, sua comunicação será falha, claudicante. A comunicação sem consistência não se sustenta por muito tempo. No filme *Kate e Leopold*, um lorde inglês do século 19 viaja no tempo e acaba na Nova York contemporânea. Envolve-se com uma publicitária que tem a idéia de aproveitar o galante personagem em uma propaganda de margarina.

O rapaz diz o texto de maneira muito convincente, enaltecendo o sabor, mas na hora de comer o pedaço de pão com a dita margarina ele faz uma cara feia e se recusa a comer o que dizia ter "gosto de sebo" e a continuar o trabalho. A publicitária lhe diz: "Mas isto é apenas propaganda". O nobre retruca: "Como você pode fazer propaganda de uma mentira?".

Sim, quem não se comunica se trumbica, mas às vezes quem se trumbica é quem comunica inverdades. É o que vemos nas patéticas cenas protagonizadas por publicitários da política, comunicadores profissionais que capricham na forma sem se preocupar muito com a verdade do conteúdo.

Na comunicação, a
emoção
é mais determinante do que a razão.

Comunicação e lógica

Clareza de idéias é uma qualidade dos bons comunicadores: eles tornam claros os pensamentos para que os outros possam "vê-los". Organizam as idéias antes de organizar as frases. Comece a observar se você pensa antes de falar, assim como pensa antes de escrever, e se organiza as frases com a melhor lógica possível. Depois, treine a melhoria da organização de suas frases. Sim, ter clareza pode ser uma questão de treinamento.

Não tenha medo de ser considerado pedante por conjugar os verbos corretamente, fazer concordância pronominal e pronunciar as palavras por inteiro, sem comer finais ou deixar partes entregues ao subentendido. Prefira ser elogiado pela clareza. Quando alguém não entender sua mensagem, pergunte a si mesmo: "Por que será que eu não me fiz entender?", em vez de transferir a responsabilidade ao outro, perguntando: "Por que será que ele não me entendeu?".

Clareza de expressão é a manifestação externa da lucidez do pensamento. Pessoas lúcidas são as que luzem, ou seja, emitem "luz", e seu traço principal é a coerência das idéias na construção das frases. "Lúcida" é o nome que se dá à estrela mais brilhante de uma constelação, também chamada "estrela alfa". "Lúcida" é ainda a designação de uma técnica de lapidação de diamantes que confere à pedra um brilho maior, que se traduz em imensa beleza. Pessoas lúcidas também são assim: brilham mais pela maneira como se comunicam.

Demonstre lucidez pela organização de seu discurso. O ritmo adequado da fala facilita o entendimento da mensagem. Observe a velocidade, pois há quem fale depressa demais, assim como há quem fale muito devagar. O primeiro tipo angustia o interlocutor, pois não cria o tempo necessário à interpretação; o segundo irrita com a monotonia, pois o entendimento de uma frase acontece antes que ela termine, e isso pode gerar dispersão. O *timing* verbal também deve levar em consideração o comprimento das frases, a obediência à pontuação e a ênfase das sílabas mais significativas. E, principalmente, lembre-se de colocar suas opiniões *dentro*, e não *por cima* da conversa geral com outras pessoas: isso garantirá que você seja sempre uma pessoa agradável de conversar.

Clareza de expressão é a manifestação **externa da** lucidez do pensamento.

Comunicação e relações

Vivemos em um mundo em que os povos não se entendem, com grandes conflitos, e costumamos ouvir que o que está faltando é diálogo. Se olharmos para o mundo comum ao redor, também encontraremos uma série de pequenos conflitos, pessoais e profissionais, sobre os quais podemos fazer o mesmo comentário: está faltando diálogo. Parece que tudo ocorre a partir do diálogo.

A biologia nos dá lições sobre esse tema. No livro *Dolly, a segunda criação*, de Ian Wilmut, há uma reflexão perturbadora. Esse geneticista britânico, "pai" da Dolly, a ovelha-clone, afirma que os genes não operam isoladamente:

> *Eles estão em diálogo constante com o resto da célula, que por sua vez responde a sinais de outras células do corpo, que por sua vez estão em contato com o ambiente externo. Esse diálogo controla o desenvolvimento do organismo [...]. O diálogo entre os genes e o ambiente que os circunda continua depois que o animal nasce e durante toda a sua vida, e, se ele não se processa corretamente, os genes saem fora de controle, as células crescem desordenadamente, e o resultado é o câncer.*

Trata-se de uma reflexão sobre um fenômeno biológico (o comportamento das células), mas que nos remete a uma segunda reflexão sobre o comportamento das pessoas. Seríamos nós, como sugere o texto, produtos de um permanente diálogo entre nosso interior e o mundo em que vivemos? Seria o ser humano um animal parcial, uma vez que apenas controla parte de seu comportamento, estando a outra parte entregue à variação aleatória de um mundo em permanente transformação?

Ao que tudo indica, sim! Nosso bem-estar, nossa produção e nossa felicidade não dependem *só* de nós, mas também do mundo e, claro,

Entender o mundo e me fazer entender por ele é o grande desafio.

da qualidade do diálogo que estabelecemos com esse mundo. Nesse sentido, eu e o mundo estamos em permanente troca de informações e em busca do consenso — que, em última análise, é condição para a felicidade. Entender o mundo e me fazer entender por ele é o grande desafio. Ninguém deve ganhar esse diálogo, pois ele não é um embate, é um apelo de paz. Mas o mundo "ataca", mostrando-se plural, mais vasto — portanto complexo e mais forte. Ele se esquece de que eu também sou plural, também sou um mundo, um mundo interior. Então, trata-se de um diálogo entre mundos. Não há desigualdade.

O que deve haver é disposição e exercício permanente do diálogo. Contudo, entre dialogantes costuma-se cometer, como erro, o descompasso entre o falar e o ouvir. O erro de impor, que é tão ruim quanto o erro de aceitar a imposição. O diálogo existe para que não haja imposição, e sim entendimento, compreensão e, ao final, consenso.

Viverei melhor quanto melhor dialogar com a pluralidade do mundo. Da qualidade do diálogo vem a qualidade da vida. Os diálogos internos e externos bem-sucedidos acalmam, amansam, amainam, aveludam, alegram. Do diálogo vêm a lógica e a emoção. Já ouvimos do geneticista (e genética somos): "Quando o diálogo não se processa corretamente, o resultado é o câncer".

Alimentando quem alimenta

Silva, um gerente de departamento de uma grande empresa, está com dois problemas: precisa demitir um funcionário que não está rendendo o suficiente e tentar reter outro, excelente, que pediu desligamento. Ao primeiro ele diz: "João, você está conosco há doze meses, mas até agora não mostrou a competência que esperávamos de você. Por isso, a empresa está dispensando seus serviços. Lamento". E ouviu como resposta: "Mas, chefe, há um ano estou fazendo a mesma coisa e ninguém nunca me orientou que deveria fazer diferente. Por que vocês não me alertaram antes?".

Ao segundo, Silva pede: "Carlos, gostaria que você reconsiderasse sua saída da empresa. Você está conosco há dois anos, estamos muito satisfeitos com sua atuação e pensamos inclusive em promovê-lo. Por que você quer sair?" E foi obrigado a escutar: "Porque recebi uma proposta melhor de outra empresa. Eu até achei que não faria falta por aqui, pois nunca senti que meu trabalho fosse valorizado".

Grupos de pessoas funcionam como organismos vivos

Essas são situações fictícias, mas com fortes componentes de realidade. Diálogos semelhantes acontecem todos os dias. João está sendo dispensado e Carlos está querendo sair exatamente pelo mesmo motivo: não receberam *feedback* do chefe. Silva precisa urgentemente rever seus conceitos de gestão de pessoas e, provavelmente, de relacionamento humano. Se perguntássemos à sua mulher, decerto ela também se queixaria de que o marido não reage às suas manifestações de carinho nem parece se importar quando ela está fria e distante. Para ele tanto faz. Ele não sabe que, em qualquer situação, dar *feedback* é uma manifestação de respeito e de afeto. E é, antes de tudo, uma demonstração de inteligência interpessoal.

Traduzida literalmente, a palavra *feedback* significa retroalimentar, ou seja, alimentar de volta, devolver à fonte de um estímulo parte do resultado desse estímulo. Isso serve para manter o sistema em funcionamento. Uma boa maneira de entender isso é conhecer um princípio simples do funcionamento do corpo humano. Todas as glândulas endócrinas que produzem hormônios são estimuladas permanentemente por uma "glândula-mãe", anexa ao cérebro, chamada hipófise. Ela produz, por exemplo, TSH, o hormônio estimulante da tireóide. Sua função? Ora, estimular a tireóide, glândula localizada no pescoço, a produzir seu próprio hormônio, a tiroxina, que, por sua vez, é fundamental para manter o corpo em atividade metabólica.

Como os hormônios são jogados na corrente sanguínea, a hipófise fica sabendo se a tireóide fez seu trabalho. Se não fez, manda mais uma carguinha de estímulo. Quando percebe que a tireóide está funcionando bem, diminui a produção do hormônio que a estimula. A esse sistema de controle permanente damos o nome de "mecanismo de retroalimentação" — ou, simplesmente, *feedback*. Sem ele, o sistema endócrino, fundamental para garantir o funcionamento saudável do corpo humano, não conseguiria exercer seus vários papéis.

Ora, os grupos de pessoas funcionam como organismos. Suas várias partes devem se comunicar com qualidade; caso contrário, o grupo padece, adoece e morre — tende a se dissolver. E isso vale para relações profissionais, amizades, namoros e casamentos.

O erro do senhor Higgins

Muitos educadores modernos condenam as escolas que abusam das práticas do behaviorismo, aquelas que se baseiam apenas no princípio do estímulo–resposta para ensinar a seus alunos as disciplinas do currículo e os comportamentos desejados pela sociedade. É necessário mais do que isso. Precisamos desenvolver espírito crítico, capacidade de pensar, senso de valor. É verdade, mas mesmo esses educadores não desdenham os efeitos do reforço positivo. Trata-se do uso pedagógico do *feedback*.

Inúmeros casos marcaram minha carreira de professor. Quando lecionava para o ensino médio, em quase todas as turmas um aluno merecia mais atenção. Lembro-me de um em particular: o Leandro. Ele tinha um comportamento que irritava a todos — professores, funcionários e colegas. Era inquieto, desatento e desafiador. Eu já entrava na sala preparado para aborrecimentos. Com certeza ele aprontaria alguma que me obrigaria a dar mais uma lição de moral ou retirá-lo da sala. Mas um dia aconteceu algo diferente: sem razão aparente, naquela aula ele teve um comportamento exemplar. Sentou-se na frente, prestou atenção na aula, fez perguntas pertinentes e até recolheu, elegantemente, o caderno que uma colega deixara cair.

É possível que esse comportamento, para ele atípico, tivesse a ver com a matéria do dia — estávamos estudando ciclos ovulatórios e período fértil, assuntos que despertam o interesse dos jovens. Mas o que importa é que não perdi a oportunidade. Pedi a ele que ficasse na sala após o fim da aula, o que ele interpretou como mais uma repreensão. Quando ficamos a sós, olhei bem no fundo de seus olhos, criei um breve suspense, e depois sorri, lhe estendi a mão e elogiei seu comportamento durante aquela aula. De assustado ele passou a animado, e conversamos sobre o tema da aula, sobre minhas experiências de vida e sobre as expectativas dele para o futuro. O resultado foi o início de uma profunda mudança de atitude do aluno-problema. O santo remédio foi o *feedback* dado no momento certo.

O dramaturgo irlandês George Bernard Shaw ganhou dois prêmios invejáveis para um escritor: o Nobel de Literatura em 1925, pelo conjunto da obra; e o Oscar em 1938, pela adaptação ao cinema de uma de suas obras, *Pigmalião*. O título desse livro é inspirado no escultor grego Pigmalião, que produziu uma escultura de mulher tão perfeita que terminou por apaixonar-se por sua obra. O filme, no entanto, recebeu o nome de *My fair lady* e foi interpretado por Rex Harrison e Audrey Hepburn. Fez um tremendo sucesso.

O filme narra a história de um professor de fonética, o esnobe senhor Henry Higgins, que aposta com um amigo, o coronel Pickering, que é capaz de ensinar qualquer pessoa a ter um comportamento de nobre. Para provar sua teoria e demonstrar seu poder, escolhe uma pobre moça que vende flores no centro de Londres, Eliza Doolittle. A jovem, atraída pelo *glamour* da *society*, aceita o desafio, muda-se para a casa do professor e passa por uma intensa transformação. Aulas de dicção, entonação, postura, cultura, acompanhadas de broncas e até ameaças. Ficaram famosos os trava-línguas que ela teve de repetir à exaustão, como "The rain in Spain stays mainly in the plain". Ou pior: "In Hertford, Hereford and Hampshire, hurricanes hardly ever happen".

A prova final da aluna-plebéia-que-tinha-de-virar-dama deu-se na festa de uma embaixada, com a presença de toda a alta sociedade local. Eliza se sai extremamente bem, encanta a todos com sua graça, classe e beleza. Higgins ganhara a aposta! De volta para casa, o professor comemora com o coronel, que o felicita. Ele está exultante, abre uma garrafa especial de vinho do Porto e propõe um brinde especial louvando sua qualidade de mestre transformador. E então começam os problemas...

Valores reconhecidos

Não haveria nada de errado nessa comemoração, não fosse por um fato: Eliza foi totalmente ignorada, como se a ela não coubesse nem uma mísera partezinha do sucesso alcançado naquela noite memorável. A graciosa menina, que a essa altura já tinha caído de amores por seu benfeitor, sofre imensamente com a decepção e resolve ir embora, voltar à vida de antes, retomar sua banca de flores, ser de novo quem ela realmente era. A falta de *feedback* matou o mérito do professor Higgins.

É claro que o final é feliz: Higgins também estava apaixonado por Eliza e termina por reconhecer o próprio erro; procura a protegida, valida seu esforço e a pede em casamento. Para ele não foi fácil, pois o esnobe Henry Higgins não estava acostumado a dar, só a receber elogios. A sorte foi que seu amor pela aluna superou seu amor-próprio.

Há muitos senhores Higgins neste mundo. Pessoas acostumadas a louvar os próprios méritos e desinteressadas em validar os méritos alheios. Validar é uma palavra mágica. Significa "ajudar alguém a reconhecer seu próprio valor", e é disso que estamos falando. As pessoas têm o direito de saber quais de seus comportamentos são apreciados e quais são indesejados pelos que convivem com elas. E como fazer isso sem o saudável hábito do *feedback*?

É claro que sempre é possível cada um simplesmente observar o resultado das próprias atitudes, mas aí o reconhecimento leva mais tempo e nem sempre é perceptível como gostaríamos que fosse. Certa vez, uma amiga me confidenciou: "Eu não entendia por que não conseguia fazer amigos no colégio, até que uma menina me disse que ninguém me agüentava porque eu só falava de mim mesma o tempo todo". Pronto: o *feedback* da colega salvou essa pobre moça de se transformar em uma eremita. Ela simplesmente não reconhecia seu comportamento desagregador. Após a opinião sincera da amiga, iniciou voluntariamente um processo de melhoria de suas relações.

Pense na pessoa que está mais próxima a você — quem sabe sua mulher ou seu marido; talvez seu melhor amigo, ou seu irmão. Essas pessoas construíram um padrão de comportamento que repetem pela vida, e nem sempre todos os componentes desse padrão agradam a você. O que você faz? Simplesmente ignora e se acomoda, aceitando que "afinal ninguém é perfeito", e vai acumulando essa insatisfação, com reflexos inevitáveis na relação? Ou usa sua sinceridade e se abre com a pessoa mais importante de sua vida? Sabe o que pode acontecer se você escolher a segunda via? Provavelmente irá ouvir o *feedback* do *feedback*. Vai ficar sabendo que o que ela faz é também reflexo daquilo que você faz. E ela pensava estar agradando, pois você nunca antes havia se referido ao problema daquela maneira.

Sabe aquele hábito odioso de deixar luzes acesas em locais aonde você não voltará? Eu tinha essa mania, e minha mulher entrava depois, apagando tudo. E sabe por que eu deixava tudo aceso? Porque reparava que ela entrava nos mesmos lugares que eu, e queria deixar tudo já iluminado para ela. O que eu não sabia é que ela entrava apenas para apagar as luzes. Até que um dia ela chamou minha atenção. O *feedback*, nesse caso, economizou energia — e dinheiro!

Validar é uma palavra mágica.

73

Educar é deixar respirar

Imagine a seguinte cena: "Há uma sala fechada, quase totalmente escura, na qual não se podem identificar com clareza os móveis, objetos e pessoas. Quem tenta caminhar por dentro dela bate nas coisas e perde o equilíbrio. E o pior é que o ar é rarefeito, difícil de respirar, e há um cheiro de mofo irritando as narinas. Existe apenas uma janela alta, quase fechada, deixando aparecer somente um feixe de luz por baixo da cortina. Paira um intenso desejo de respirar com intensidade e enxergar com clareza. Mas como?

Do lado de fora, uma pessoa, compadecida resolve ajudar os que estão na sala. Procura um fole, algo parecido com um compressor, dotado de uma mangueira fina o suficiente para passar pela fresta da janela. Com esforço, introduz a mangueira e começa a fazer um cansativo movimento de vai-e-vem, na tentativa de arejar o recinto. Pelo esforço, apesar da boa intenção, cansa-se e irrita-se. Com o tempo, começa a esbravejar contra as pessoas da sala, culpando-as por estarem ali. Isso as deixa nervosas e elas passam a respirar ainda mais depressa, piorando a situação.

Isso tudo é observado por outro homem do lado de fora. Ele não participa, só observa, mas reflete sobre o que está acontecendo. Percebe o esforço do primeiro em mandar ar para a sala e o das pessoas em respirar o ar pouco e viciado. Nota o desespero tomando conta de todos e o desânimo chegando. O homem do fole não tem mais força nem paciência. As pessoas da sala estão começando a achar que é melhor desistir pois dá para continuar vivendo desde que se respire pequenininho, sem ambição.

Conhecimento não se transfere, se constrói.

O observador levanta-se do banco em que se acomodara, dirige-se lentamente ao centro da cena e, com um movimento decidido, mas delicado, afasta as duas lâminas da janela, faz correr as pesadas cortinas, e algo parecido com milagre acontece: o ar e a luz entram pelo novo espaço, com a naturalidade desconcertante das coisas óbvias."

Na história acima, há dois homens tentando resolver o problema da sala fechada. O primeiro tenta fazer o ar entrar usando a força. O segundo apenas abre a janela, deixando o ar fluir, como é de sua natureza, e a luz, que é inesgotável, ocupar o espaço. Qual dos dois poderia ser comparado a um educador de verdade? O que força a entrada ou o que abre a janela?

Nas escolas e nos lares de todo o mundo, há professores e pais que são apertadores de foles, e há os que são abridores de janelas. Apertar o fole é tentar introduzir conceitos, conhecimentos e comportamentos à força. Eles consideram o aluno ou filho um menor incapaz que, por ser um inválido intelectual, precisa do esforço do outro — do adulto, sábio, que é arrogante em sua superioridade do saber. Abrir a janela, em contrapartida, é confiar no potencial do menino em aprender por seus próprios meios, valendo-se de sua natureza humana. Significa não atrapalhar e, quando muito, facilitar. O mestre é um facilitador da aprendizagem, não um inoculador de idéias. Conhecimento não se transfere, mas se constrói a partir de estímulos (como a curiosidade) e de substratos intelectuais (como os livros).

Eu não posso ler o livro para meu filho ou meu aluno, nem obrigá-los a ler, pois isso seria uma violência. Posso, no entanto, aguçar sua curiosidade sobre o livro, de tal sorte que a leitura seja a conseqüência natural, óbvia e desejada. Mestres não entregam os livros — mostram onde eles estão. Não transferem conhecimentos — oferecem significados. Não dão conselhos — dão exemplos. Não funcionam como os trilhos da estrada de ferro, que marca o caminho na planície, e sim como o farol que serve de referência na noite atlântica. Por tudo isso, deduzimos o que representa a violência, de qualquer espécie, no processo do aprendizado: nada. Ou melhor, tudo: tudo que há de errado, antipedagógico, desconstrutivo, desumano.

74

A curiosidade, a pergunta e a imaginação

Quando o assunto é educação, nunca é demais lembrar o que Sócrates disse há 25 séculos: "Educar é ensinar a pensar". O primeiro grande educador que o mundo conheceu foi provavelmente o que melhor definiu o ato de educar. E ele disse mais: que aprender é uma condição humana natural, que acontecerá independentemente da ação do professor. Crianças aprendem. Jovens aprendem. Adultos aprendem. Seres humanos aprendem, porque é de sua natureza. O que tentamos fazer, ao organizar temas e mobilizar técnicas pedagógicas, é facilitar esse processo e conduzir o aprendizado para o fim desejado — integrar o aluno à sociedade e torná-lo capaz de colaborar com a construção do todo, desenvolvendo competências.

A mãe de Sócrates, Fenareta, era parteira. Observando o trabalho da mãe, o então menino Sócrates disse-lhe certa vez: "Não é você quem faz o parto. Ele acontece naturalmente por ação dos organismos da mãe e do filho. Você apenas conduz o nascimento". É possível que a mãe tenha ficado magoada com o filho, pois nunca antes alguém lhe havia questionado o poder de fazer o parto. Que falta de respeito... Pode até ser, porque Sócrates adorava observações críticas, mas foi dessa observação impertinente que nasceu o método socrático de ensinar: a maiêutica, palavra que, em grego, significa exatamente "a arte de dar à luz".

O método maiêutico pressupõe que a criança (de qualquer idade) deve receber tudo o que facilite o aprendizado; assim, ele "nascerá" por conta própria. E, nesse contexto, é sempre bom lembrar que, se o aprendizado é um fenômeno intelectual, a aprendizagem é um fenômeno emocional. Em outras palavras, intelectualizamo-nos com o auxílio das emoções. A informação desprovida de sentido e de sentimento não cala na alma, não gruda na mente, não se acomoda na memória.

E é exatamente nesse ponto que reside o argumento dos que usam a violência (de qualquer tipo) para ensinar. Pois não seria a coação violenta uma maneira de acionar o emocional? Sim, claro, sem sombra de dúvida, mas... Mas o processo funciona assim: aprendizado com amor gera conhecimento e afeto pelo saber. Aprendizado com violência pode até desembocar no conhecimento, mas será acompanhado do medo, da raiva e da aversão ao que ele representa. Fim do enigma.

Além da maiêutica, Sócrates lançava mão de outra técnica peculiar: a ironia. No grego clássico, ironia não era sinônimo de sarcasmo. Significava, antes, algo como "a arte de perguntar". Sócrates dificilmente respondia: ele perguntava, e isso obrigava seus discípulos a usar a cabeça de fato, refletir sobre o assunto em questão, criar novas idéias, propor novas visões — pensar, enfim. Na atualidade, coitados dos perguntadores e dos curiosos. Costumam ser classificados como impertinentes, mal-educados, desconfiados, perturbadores. E, com freqüência, são punidos com repreensão ou coisa pior.

A curiosidade é uma característica infantil que se perde pela inutilidade do uso. Quando gera mais desconforto do que glória, a curiosidade começa a ser questionada. Alunos curiosos, filhos curiosos e funcionários curiosos são pessoas que perturbam a ordem com suas perguntas, suas dúvidas, sua curiosidade. Como a curiosidade pressupõe pergunta, pergunta exige resposta, e resposta precisa do pensamento e do tempo de elaboração — haja paciência! Sim, educar exige paciência. Ter filhos exige paciência. E como é possível ter paciência em um mundo impaciente, veloz, digital, cibernético, inconstante e louco? Atualmente ela só existe em um lugar: na consciência do educador, seja ele professor, pai, chefe, guarda de trânsito, não importa: ser educador é um estado de espírito. Há educadores que não são professores, e há professores que não são educadores.

75

O ambiente de aprendizado

Durante os anos conturbados da queda do czar e ascensão do marxismo–leninismo (a Revolução Russa), viveu um psicólogo e educador chamado Lev Vygotsky. Sua curta vida (ele morreu aos 37 anos, vítima da tuberculose que o torturou desde os 19) foi dedicada a entender como as pessoas, em especial as crianças, aprendem. Sua obra tem um caráter de urgência, como se pressentisse sua curta jornada, mas é de reconhecida importância. Ela é complementar aos trabalhos do suíço Jean Piaget, que nasceu no mesmo ano que Vygotsky mas viveu até se cansar de viver. É do jovem russo, personagem de uma sociedade imersa em profunda transformação, a percepção do fundamental papel do ambiente no desenvolvimento social, cultural e intelectual do ser humano.

Entre seus escritos encontramos um pensamento que resume a educação com a mesma profundidade que a oração de São Francisco explica o cristianismo ("Senhor, fazei-me instrumento de vossa paz; onde houver ódio, que eu leve amor; onde houver ofensa, que eu leve perdão..."). Disse Vygotsky a respeito dos ambientes escolares, domésticos ou públicos que são capazes de educar, desenvolver jovens, criar uma sociedade mais íntegra, justa, feliz:

> *Precisamos de ambientes em que o conhecimento já sistematizado não seja tratado de forma dogmática e esvaziado de significado. Precisamos de ambientes em que as pessoas possam dialogar, duvidar, discutir, questionar e compartilhar saberes. Lugares em que as pessoas tenham*

autonomia, possam pensar, refletir sobre seu próprio processo de construção de conhecimentos e ter acesso a novas informações. Onde haja espaço para as diferenças, para as contradições, para o erro, para a criatividade, para a colaboração e para as transformações.

Em quantos ambientes de aprendizagem, escolares ou domésticos, habitam o amor, a paciência, a tolerância, o respeito? *Quem Ama, Educa!*, escreveu o psiquiatra e educador Içami Tiba, que foi lido por mais de 1 milhão de pessoas e lançou mais uma luz na sala escura. Não se pode forçar a janela: é preciso abri-la com carinho e espantar os corvos da desconfiança que porventura pairem na soleira. Estamos falando da mais humana das esperanças, a única que pode responder ao anseio de construir não apenas uma sociedade, mas uma civilização. Parodiando o escritor: *quem educa ama*.

Não se pode **forçar a janela: é preciso** abri-la **com carinho.**

Assumindo a responsabilidade

No **começo do século 17**, os habitantes da região italiana da Toscana já estavam se acostumando com as esquisitices de um sujeito chamado Galileu Galilei. Ele era *bamba* em matemática e física, e andava obcecado por entender os mistérios do Universo. Uma passagem curiosa de sua vida é aquela que conta que ele subia a torre inclinada de sua cidade natal, Pisa, e lá em cima soltava coisas de tamanhos e formas diferentes, tentando entender por que e como caíam. Descobriu, por exemplo, que a massa não influi na velocidade da queda de um objeto, e que a velocidade aumenta à medida que ele despenca – fato que costuma apenas interessar aos cientistas. Diz a lenda que, após uma de suas experiências sobre a queda dos objetos, Galileu observava pensativo os restos de um ovo estatelado na calçada da praça dos Milagres quando foi interpelado por uma velhinha que lhe perguntou o que estava fazendo.

— **Estou tentando entender** por que este ovo caiu da torre —, disse ele.

— **Eu sei por que ele caiu** —, emendou a mulher. — Porque você o soltou.

Essa história engraçada coloca juntos dois tipos de causa que costumam desencadear os fatos da natureza e da vida humana: a causa que determina e a causa que predispõe. O que determinou a queda do ovo foi a ação da gravidade; o que permitiu que isso acontecesse foi o fato de Galileu ter aberto a mão e soltado o ovo. Da mesma maneira, sempre há uma causa externa e uma causa interna para os fenômenos que acompanham a vida humana. O correto é dar crédito merecido a ambos os fatores, mas nós temos uma imensa tendência para valorizar um e minimizar o outro, de acordo com nossas conveniências. Costumamos atribuir nossas conquistas às nossas virtudes; já nossos fracassos não têm nada a ver com nossos defeitos, mas com fatos alheios a nós, verdadeiras traições do destino.

Recentemente pude observar pelo menos três fatos que ilustram bem essa tendência à autopreservação do ego. Um querido amigo chegou com mais de uma hora de atraso a um compromisso que tinha comigo. Após cumprimentar-me, passou a culpar o trânsito pelo atraso – não citou a sua já conhecida e folclórica despreocupação com os horários e com o tempo dos demais. Outro, investidor da Bolsa de Valores, perdeu dinheiro com a dança dos números e imediatamente atribuiu o prejuízo à "mão invisível do mercado", não à sua análise incorreta das tendências.

Nesses acontecimentos eu fui o espectador, mas há pelo menos um em que eu sou protagonista freqüente (ou era, juro). Quando entrego um artigo com atraso a uma das revistas para as quais escrevo e alguém me liga cobrando, em geral com humor e simpatia, vou logo dizendo que atrasei porque estava viajando, os aviões andam um horror, o excesso de trabalho está me matando etc. É o mesmo que dizer: "A culpa não é minha. A culpa é de minha vida, e eu não tenho controle sobre ela". Pode?

Sempre há uma causa **externa** e uma causa **interna**

77

Inocente ou impotente?

Dizem que a tendência de transferir responsabilidades é maior entre nós, latinos. O escritor argentino Fredy Kofman, Ph.D. pela Universidade de Berkeley e professor nos Estados Unidos, observou esse fato. Ele comenta que se interessou pelo assunto quando seu filho de 5 anos um dia dirigiu-se a ele dando origem a um diálogo bizarro, mas pra lá de esclarecedor:

— Pai, sabe aquele carrinho que você me deu ontem?

— Sim, o que tem ele?

— Pois é, pai. Ele quebrou.

— Como assim? Ele se quebrou sozinho? Então ele cometeu suicídio?

— Foi, pai. Diante de meus olhos. Foi horrível!

Pense quantas vezes você mesmo, como o pequeno protagonista da história acima, transferiu a responsabilidade até para objetos inanimados. Eu, pessoalmente, tenho vários episódios, confesso. Quando estudei nos Estados Unidos, ainda muito jovem, consegui comprar um carro, um pequeno e econômico Ford Pinto. Certa vez, em uma das muitas *freeways* californianas, o valente carrinho de repente começou a tossir e sacudir-se todo, até que parou. Motivo? Falta de gasolina. "Maldição!", disse eu, sem saber exatamente a quem estava dirigindo o impropério.

Em menos de dois minutos um carro da polícia encostava ao meu lado. Quando o policial perguntou o motivo de eu estar parado em lugar proibido, eu disse algo assim:

— Eu não tive culpa. A gasolina acabou.

— Então de quem é a culpa? — respondeu o agente da lei, por trás de seus óculos *ray-ban*. E então ele me deu três coisas: alívio, vergonha e prejuízo. Primeiro, levou-me a um posto de serviços para que eu providenciasse o combustível; depois, passou-me um sermão pela imprudência de entrar numa *freeway* sem verificar o combustível; por fim, aplicou-me uma imensa multa.

Por muito tempo eu me envergonhei desse fato. Hoje o encaro como um aprendizado. Naquele momento eu me achava inocente. Na verdade, eu estava impotente. Aliás, esse é o preço da inocência — a impotência. Se você deseja ter sua vida sob controle, o preço é outro: a responsabilidade.

Transferir a responsabilidade aos outros traz um falso conforto momentâneo, que com o passar do tempo se transforma em vergonha. Uma análise mais cuidadosa de qualquer acontecimento negativo em nossas vidas sempre revela nossa participação ativa no episódio, mais (muito mais) do que gostaríamos de admitir. Seu namorado deixou você porque ele é um crápula ou porque você não investiu na relação? O emprego não aparece porque o mercado de trabalho está ruim ou porque seu currículo não ajuda? Você não passou no vestibular porque a concorrência era muito grande ou porque você não estudou o suficiente?

É claro que sempre há os fatores determinantes e os predisponentes a qualquer acontecimento. Pode ser que um fator determinante esteja fora de você. Mas que você ajudou com um ou mais fatores predisponentes, ah, isso você ajudou. Confesse! É verdade que o mercado está ruim, mas também é verdade que seu currículo não está ajudando. É real que o vestibular é difícil e concorrido, mas é ainda mais real que você não se preparou o suficiente. Todos sabem que os rapazes são inconstantes, mas todos sabem também que ele não foi estimulado a permanecer na relação com você. Só que ninguém diz nada.

Transferir a responsabilidade aos outros traz um falso conforto momentâneo.

Eu me comprometo

Não combina muito comigo, mas meu primeiro emprego foi em um banco. Eu era um garoto totalmente despreparado para a vida, principalmente para a vida bancária, organizada, metódica, exigente. Mas valeu, porque hoje não tenho dúvidas quanto ao poder pedagógico dessa experiência.

Extraí disso vários aprendizados — inclusive o de que não era essa a vida que eu queria para mim. Um de meus mestres naquela escola de disciplina foi o senhor Edson, o contador. Ele era o protótipo do guarda-livros (como eram chamados os contabilistas antigamente): calvo, usava óculos na ponta do nariz e costumava acomodar um lápis sobre a orelha direita, mesmo que nunca o utilizasse. Não aprendi com ele contabilidade, mas fiquei sabendo o que significa comprometimento:

— Menino, você só vai fazer bem-feito um trabalho se estiver comprometido com ele — disse-me certo dia, severo.

Na ocasião eu não avaliei a profundidade do conselho, mas é evidente: o que ele queria dizer é que eu não estava correspondendo à expectativa dele, que eu era inadequado para a função e devia repensar minha opção de ser bancário. Sábio conselho. De fato, eu não estava comprometido, porque não era o que eu realmente queria fazer.

Ao longo de minha vida voltei a me encontrar várias vezes com esse tema. Uma ocasião muito mais grave foi quando recebi um fora de uma namorada, que resumiu assim a causa do rompimento:

— Você simplesmente não está comprometido com o nosso namoro.

Será que ela disse isso só porque no domingo à tarde eu preferia ir ao futebol com meus amigos a ir ao cinema com ela? Ou porque eu me atrasava para nossos encontros, tendo inclusive esquecido de um deles por ter ficado lendo um livro novo? Suprema incompreensão...

Os dois exemplos acima mostram situações em que eu não estava comprometido com a relação — de trabalho ou de namoro. Mas é claro que eu também coleciono passagens de profundo comprometimento com atividades e pessoas. E foram estas as ocasiões em que eu fiz coisas que deram certo e valeram a pena.

Quando eu era garoto, o Paraná pegou fogo. Uma longa estiagem secou os campos, e alguns pequenos focos de incêndio acabaram por se transformar em uma tragédia de grandes proporções. A fumaça e a fuligem chegaram até Curitiba, a ponto de sujar as ruas e irritar os olhos das pessoas.

Eu estudava no Colégio Bom Jesus e fazia parte do grupo escoteiro. Um professor, que também era chefe escoteiro, convocou todos os jovens a fazer alguma coisa. Movidos pelo respeito que tínhamos pelo professor e pelo senso de responsabilidade que ele foi capaz de despertar em todos nós, fomos à luta. Constituímos uma força-tarefa e saímos pela cidade conseguindo doações de roupas, remédios e mantimentos. Também criamos um albergue para as crianças que eram enviadas à cidade pelos pais que permaneciam tentando salvar suas propriedades. O resultado impressionou até o governador, que mais tarde se referiu ao "espírito de comprometimento" daqueles jovens estudantes com a causa da reconstrução das regiões atingidas pelo incêndio. Sinto orgulho daquilo.

"espírito de comprometimento"

79

Obtendo comprometimento

Muitos anos depois dessas histórias, agora já adulto e trabalhando como consultor de empresas, volto a deparar com o fenômeno do comprometimento, pois, assim como aquele contador e o chefe escoteiro, os gestores modernos estão interessadíssimos em formar equipes com pessoas comprometidas. Então surge a pergunta de 1 milhão de reais: afinal, será que é possível entender o fenômeno do comprometimento e providenciar para que as pessoas se comprometam com uma causa, uma missão, um trabalho ou uma relação?

Então vamos direto ao segredo do mistério. Ainda que haja variações, as pessoas costumam responder favoravelmente a alguns fatores que determinam o comprometimento. Os cinco principais são:

A ADMIRAÇÃO. Sentimento gostoso de sentir e de provocar. Fundamental para qualquer tipo de relação, a admiração provoca o desejo de permanecer junto da pessoa admirada ou de engajar-se em uma tarefa cujo resultado se admira. Não conseguimos permanecer ao lado de alguém que não admiramos nem ser eficientes trabalhando em uma empresa cujos valores não provocam em nós nenhuma admiração.

O RESPEITO. Não há comprometimento sem respeito, e ele deve ser mútuo. Deriva da admiração e leva ao passo seguinte.

A CONFIANÇA. Só confiamos em quem admiramos e respeitamos. E só nos comprometemos com alguém se confiamos nele.

A PAIXÃO. Esse sentimento surge com freqüência por alguém a quem admiramos, respeitamos e em quem confiamos. Simples assim.

A INTIMIDADE. Sim, pois queremos ficar ao lado, conviver e misturar nossa vida com a pessoa por quem estamos apaixonados. E também podemos nos apaixonar por causas, empresas e, claro, times de futebol. E com eles queremos continuar convivendo, sendo íntimos.

Pronto. Se existirem essas cinco condições básicas, o comprometimento será mera conseqüência. Quando um terapeuta é procurado por um casal com problemas de relacionamento, ele não questiona o comprometimento em si, mas as cinco condições acima. Se uma delas estiver deficiente, prejudicará o comprometimento que sustenta a relação.

admiração
respeito
confiança
paixão
intimidade

As condições que sustentam uma relação entre duas pessoas também garantem a boa relação das pessoas com a empresa onde trabalham, com a instituição com a qual colaboram, com o grupo de amigos de final de semana, com a igreja que freqüentam, com o time pelo qual torcem, e assim por diante.

Uma análise cuidadosa dessa questão nos remete a uma situação circular: uma relação só vale a pena se as partes estiverem verdadeiramente comprometidas com ela; e as pessoas só se comprometem com uma relação se ela valer a pena.

80

Eu e tu

Com algumas variações, o tema do comprometimento já foi abordado antes por vários pensadores interessados na alma humana. Um deles foi o austríaco Martin Buber, que morreu em 1965 e deixou uma obra comumente chamada de "a filosofia do diálogo". Segundo ele, as relações humanas podem ser de dois tipos: eu–tu ou eu–isso. No primeiro caso, há verdadeiro comprometimento entre as pessoas envolvidas (no caso, *eu* e *tu*). No segundo, a relação é impessoal e não gera comprometimento verdadeiro.

Buber não é um escritor conhecido do grande público. Nasceu em Viena em 1878 e foi criado pelo avô Solomon, um importante estudioso de hebraico. Martin escreveu mais de 80 livros, especialmente sobre o hassidismo (movimento judeu do século 18 inspirado na cabala). Entre seus livros, o mais conhecido chama-se exatamente *Eu e tu*. Apesar de ser quase restrito a meios acadêmicos, esse livro é um dos 100 livros mais influentes de toda a história da literatura.

Ele alerta para o fato de que uma relação do tipo eu–tu corre o risco de virar eu–isso se não houver investimento sério em sua manutenção. E, nesse investimento, duas práticas são fundamentais: saber ouvir e saber receber. Como essas qualidades estão em baixa na sociedade contemporânea — o mais comum é saber falar e saber pedir —, assistimos a um crescimento exponencial de relações do tipo eu–isso. Já em 1920 Buber alertava para o risco da falta de espaço para as relações eu–tu, provocado pela despreocupação crescente com a qualidade do diálogo.

Bem mais perto de nós, no tempo e no espaço, Vinicius de Moraes escreveu seu *Soneto do amor eterno* e explicou o que é a essência da relação eu–tu e do comprometimento:

Que não seja imortal, posto que é chama,
Mas que seja infinito enquanto dure.

O poeta tocou no ponto certo: comprometimento não é construir relações eternas, mas relações infinitas. E, se a relação for infinita, então terá chance de ser eterna.

Este livro está chegando ao fim. Ao viajar por suas páginas você visitou vários aspectos da transformação humana. Começamos pela percepção de que o mundo é impermanente e terminamos com a idéia do comprometimento com as causas que tenham o poder de elevar a alma humana.

Transformar-se significa formar-se através de. Assumir novas formas, comprometer-se com a idéia da evolução. Afinal, se estamos neste planeta, podemos aproveitar para deixá-lo melhor do que era antes de nossa chegada e, dessa forma, evoluir. Ou não. Trata-se de uma escolha. Quem escolhe ter com o mundo uma relação eu-isso, termina por ser também apenas um isso, sem comprometimento, sem sentido, sem razão de ser. Sempre é, entretanto, tempo para uma relação eu-tu, que evolui da relação eu-eu, e vai em direção à nós-nós, quando, então, a vida terá valido a pena, por ter sido generosa, infinita.

comprometimento
não é construir
relações eternas, mas
relações infinitas.

Bibliografia

Livros

ALBION, Mark. *Making a life, making a living: reclaiming your purpose and passion in business and in life.* Nova Iorque: Warner Books, 2000.

AMADO, Jorge. *Dona Flor e seus dois maridos.* São Paulo: Companhia das Letras, 2008.

ARISTÓTELES. *Ética a Nicômaco.* São Paulo: Martin Claret, 2002.

ASSIS, Joaquim Maria Machado de. *Memórias póstumas de Brás Cubas.* São Paulo: Martin Claret, 1999.

BOCK, Ana M. B.; FURTADO, Odair; TEIXEIRA, Maria de Lourdes T. *Psicologias: uma introdução ao estudo da psicologia.* São Paulo: Saraiva, 1997.

BRIGGS, Dorothy C. *A auto-estima do seu filho.* São Paulo: Martins Fontes, 2002.

BROWN, Peter. *Santo Agostinho: uma biografia.* Rio de Janeiro: Record, 2005.

BUBER, Martin. *Eu e tu.* São Paulo: Cortez & Moraes, 1993.

CAMÕES, Luis Vaz de. *Os Lusíadas.* Rio de Janeiro: Nova Fronteira, 1997.

CRONIN, Archibald J. *A cidadela.* Rio de Janeiro: Best-Seller, 2007.

DE MASI, Domenico. *O ócio criativo: entrevista a Maria Serena Palieri.* Rio de Janeiro: Sextante, 2000.

DIDEROT, Denis. *O sobrinho de Rameau.* São Paulo: Hedra, 2007.

FLAUBERT, Gustave. *Madame Bovary.* Porto Alegre: L&PM Editores, 2003.

FREUD, Sigmund. *A interpretação dos Sonhos* (1900). Rio de Janeiro: Imago, 1999.

GARDNER, Howard. *O verdadeiro, o belo e o bom: princípios básicos para uma nova educação.* Rio de Janeiro: Objetiva, 1999.

GOLEMAN, Daniel. *Inteligência emocional: a teoria revolucionária que redefine o que é ser inteligente.* Rio de Janeiro: Objetiva, 1995.

HOLANDA, Sérgio Buarque de. *Raízes do Brasil*. São Paulo: Companhia das Letras, 1995.

JÚLIO, Carlos A. *Reinventando você: a dinâmica dos profissionais e a nova organização*. São Paulo: Campus, 2002.

MELVILLE, Herman. *Moby Dick*. São Paulo: Martin Claret, 2004.

NIETZSCHE, Friedrich. *Assim falava Zaratustra*. Lisboa: Relógio D´Água Editores, 1998.

NIETZSCHE, Friedrich. *Humano, demasiado humano*. São Paulo: Abril Cultural, 1978.

OLIVEIRA, José H. Barros. *Freud e Piaget: afectividade e inteligência*. Lisboa: Instituto Piaget, 2001.

PETERS, Tom. *Reimagine: Excelência nos negócios numa era de desordem*. São Paulo: Futura, 2004.

QUINTANA, Mario. *Canções*. São Paulo: Globo, 2005.

RUSSELL, Bertrand. *A conquista da felicidade*. Rio de Janeiro: Ediouro, 2003.

SCHÖN, Donald A. *Educando o profissional reflexivo: um novo design para o ensino e a aprendizagem*. Porto Alegre: Artmed, 2000.

SELIGMAN, Martin E. P. *Felicidade autêntica: usando a nova psicologia positiva para a realização permanente*. Rio de Janeiro: Objetiva, 2004.

SHAKESPEARE, William. *Hamlet e outras peças de Shakespeare*. São Paulo: Martins Fontes, 2006.

SHAKESPEARE, William. *Otelo*. Porto Alegre: L&PM Editores, 1999.

SHAKESPEARE, William. *Romeo and Juliet*. London: Penguin UK, 1996.

SHAW, George B. *Pigmaleão*. Porto Alegre: L&PM Editores, 2005.

SMITH, Adam. *A riqueza das nações: investigação sobre sua natureza e suas causas*. São Paulo: Abril Cultural, 1983.

SOUZA, César. *O momento da sua virada: estratégias que definem o sucesso das pessoas e empresas*. São Paulo: Gente, 2004.

STENDHAL. *O vermelho e o negro*. São Paulo: Nova Cultural, 2002.

TEJON, José Luiz. *O beijo na realidade*. São Paulo: Gente, 2005.

TIBA, Içami. *Quem Ama, Educa! Formando cidadãos éticos*. São Paulo: Integrare Editora, 2007.

WEBER, Max. *A ética protestante e o espírito do capitalismo*. São Paulo: Companhia das Letras, 2004.

WILMUT, Ian; CAMPBELL, Keith; TUDGE, Colin. *Dolly, a segunda criação*. Rio de Janeiro: Objetiva, 2000.

WONG, Robert. *O sucesso está no equilíbrio*. São Paulo: Campus, 2006.

YALOM, Irvin D. *A cura de Schopenhauer*. Rio de Janeiro: Ediouro, 2005.

Filmes

A era do gelo (*Ice age*). EUA, 2002.

A paixão segundo Martins (*DieMartins-passion*). Alemanha, 2004.

Amadeus (Amadeus). EUA, 1984.

Apolo 13 – do desastre ao triunfo (Apollo 13). EUA, 1995.

De porta em porta (*Door to door*). EUA, 2002.

Gladiador (Gladiator). EUA, 2000.

Jornada da alma (*Prendimi l'anima*). Itália, França, Inglaterra, 2003.

Kate & Leopold (Kate & Leopold). EUA, 2001.

Minha bela dama (My fair lady). EUA, 1964.

Seven – os sete crimes capitais (*Seven*). EUA, 1995.

Índice remissivo

CTP, Impressão e Acabamento
IBEP Gráfica